W0064907

Heinrich Blumenthal

Wenn nur der Rhein
nicht wär'...

Heitere
Wandergeschichten
von Rhein
und Mosel

Heinrich Blumenthal

Wenn nur der Rhein nicht wär'...

Heitere Wandergeschichten von Rhein und Mosel

Quartett-Verlag,
Rheinbreitbach

Text und Fotografie Heinrich Blumenthal,
Foto Seite 5 Martina Rohfleisch

Alle Rechte vorbehalten
© Quartett-Verlag Erwin Bidder, Rheinbreitbach
Dezember 2001

Umschlagentwurf, Layout und Satz:
Mathias Wosczyna, Rheinbreitbach

Herstellung:
thenéedruck, Bonn

ISBN 3-00-008735-4

Über den Autor

Heinrich Blumenthal, Jahrgang 1939 und Rheinländer von Geburt, war bis zu seiner Pensionierung als Architekt in der Denkmalpflege insbesondere an mittelalterlichen Baudenkmälern seiner rheinischen Heimat interessiert. Seine Wanderungen mit seinem Freund Bert Nolden bescherten ihm neben kunsthistorischen Erkenntnissen die Einsicht, daß Heimat nicht nur in der Topographie oder in den Denkmälern einer Landschaft zu erkennen ist, sondern auch im Humor ihrer Menschen.

Der Autor mit selbstgebautem Modell eines mittelalterlichen Tretradbaukrans

Rheinkran bei Andernach

Inhalt

Wenn nur ...

Wenn nur der Rhein nicht wär'
und der Sonnenschein
so strahlend darüber her,
und der goldene Wein.

Und die sieben Berge nicht
und der alte Zoll
und Schifflein im Angesicht
mit den Segeln voll.

Und die Mägdlein so wundernett
und der Rundgesang,
und der Morgen so schön im Bett
und der Tag so lang –

Ach, wie studierten wir
so gar fleißig jus!
Rhein! Rhein! Es liegt an dir,
daß man bummeln muß.

(Carmen Sylva,
ehem. Königin Elisabeth von Rumänien)

Vom Bertes

Eigentlich heißt er »Engelbert«, aber der sprechfaule Rheinländer macht daraus »Bertes«. Er spricht den Namen mit einem langen »e« in der ersten Silbe, etwa so: »Beertes«. Frauen sagen meist »Bert«, aber das erinnert mich zu sehr an den Kollegen des Krümelmonsters in der Sesamstraße. Kompromißbereit schreibe ich in den folgenden Geschichten »Bertes«.

Der Rheinländer setzt gern einen Artikel vor einen Namen. Er sagt also nicht: »Bert hat eine lange Nase«, sondern »der Bertes hat eine lange Nase«, im femininen Fall nicht: »Elisabeth hat ...«, sondern »et Lisbeth hat...«, wobei »dat Lisbeth« zum Neutrum wird.

Ich möchte Ihnen einige Episödchen von den Wanderungen mit dem Bertes erzählen. Die terminlichen und lokalen Verabredungen verliefen meist nach dem gleichen Muster. Ich fragte den Bertes:

»Sollen wir am Samstag ein bißchen wandern gehen?«
Er antwortete:
»Wenn Du meinst.«
»Wo sollen wir denn mal hinwandern?«
»Wohin Du Lust hast!«
»Und wann treffen wir uns?«
»Och, das ist mir ganz egal.«
»Und wo?«
»Das liegt ganz bei Dir.«

»Prima, dann bis Samstag!«

»Ist gut, ich bin pünktlich.«

Solche Verabredungen funktionieren nur bei Leuten, die mit Rheinwasser getauft sind. Moselwasser geht auch.

Die Geschichten, die ich Ihnen erzählen möchte – das versichere ich Ihnen mit tiefstem Ernst – beruhen samt und sonders auf wahren Begebenheiten! – Oder auch nicht.

Bevor es losgeht noch eine kurze Erläuterung:

Der große Strom in der Mitte Europas erhielt den Namen »Rhein« deshalb, weil er sich auf »Mägdelein«, »Mondenschein«, »Du allein«, »auf ewig Dein« und so weiter reimt. Das ist notwendig wegen der vielen schönen Lieder und Gedichte, die diesen Strom besingen. Nicht auszudenken, wenn man ihn etwa »Elbe« genannt hätte.

Der wichtigste Reim auf »Rhein« ist jedoch nicht »Mägdelein« oder »Mondenschein«, sondern »gold'ner Wein«. Vom richtigen Umgang mit diesem edlen Stoff nun ein Kurzbericht aus berufenem Munde. Johann Wolfgang von Goethe berichtet von der Predigt eines rheinischen Weihbischofs:

Vom Wein

Aus der Predigt eines rheinischen Weihbischofs

»... nun ist aber unter meinen männlichen Zuhörern vielleicht keiner, der nicht **zwei Maß Wein** zu sich nähme, ohne deshalb eine Verwirrung der Sinne zu spüren, wer jedoch bei dem **dritten oder vierten Maß** schon so arg in Vergessenheit seiner selbst gerät, daß er Frau und Kinder ... mit Schelten, Schlägen und Fußtritten verletzt, der ... unterlasse ein solches Übermaß.

Wer aber beim Genuß **von vier Maß, ja, von fünfen und sechsen** noch ... seinen Nebenchristen liebevoll unter die Arme greifen mag und ... die Befehle geistlicher und weltlicher Obrigkeit auszurichten sich imstande findet, auch der genieße sein bescheiden Teil und nehme es mit Dank dahin. Er hüte sich aber, ohne besondere Prüfung weiter zu gehen, weil hier gewöhnlich dem schwachen Menschen ein Ziel gesetzt ward. **Denn der Fall ist äußerst selten, daß der grundgütige Gott jemandem die besondere Gabe verleiht, acht Maß trinken zu dürfen, wie er mich, seinen Knecht, gewürdigt hat ...«.**

Sprachlos

Am Rhein wird gern gekämpft.

Nein, nicht mit Waffen, mit Worten. Ein Truppenoffizier versicherte mir einmal glaubhaft: »Ein einziger Kölner kann einem die ganze Kompanie versauen«.

Es gehört am Rhein zu den beliebten Spielchen, in einer verbalen Auseinandersetzung den Gegner durch eine überraschende Attacke für den Moment sprachlos zu machen. Dabei ist man durchaus nicht zimperlich.

Heinrich Lützeler erzählt die Geschichte, wo kleine, weißgekleidete Mädchen – in Köln die »Engelchen« genannt – mit der Fronleichnamsprozession gehen, was eine ortsfremde Dame zu dem Ausruf veranlaßt: »Schau, wie entzückend, diese hübschen weißen Kinderchen!« Worauf eines von diesen die Dame kurz und deftig belehrt: »Mir sin kein weiße Kinderche, mir sin doch die Engelcher, du Aaschloch!«

Zur Hochform läuft der Rheinländer auf, wenn er im Wortgefecht einen ebenbürtigen Gegner findet. Beispiel: Ich hatte etwas an meiner Heizung zu reparieren, der Bertes half mir dabei. In Ermangelung einer Werkbank hatten wir eine alte Nähmaschine in den Garten gestellt und hantierten darauf mit den Heizungsrohren und dem Schweißgerät herum, als ein Nachbar vorbeikam. Er schaute zunächst schweigend über die Hecke, und wir beobachteten aus den Augenwinkeln, wie er nach einer trefflichen Bemerkung suchte, die uns sprachlos machen sollte.

Und dann kam es: »Wofür hatt Ihr denn die Näh-maschin'? Kann mer die Rohre neuerdings zusam-mennähen?« Eine Sekunde Pause, er begann schon sein Gesicht in zufriedene Falten zu legen, da kam die Antwort vom Bertes: »Enää – met der Nähmaschin nähe mer die Aaschlöcher zesamme, die hier vorbei-kommen«, Punkt. Und wenn der Nachbar jetzt nicht innerhalb von drei Sekunden eine passende Replik fin-det, hat er verloren. Er fand sie nicht.

Der zungenflinke Bertes war ein Meister in diesem Spielchen und wer ihn kannte, ließ sich nur ungern auf Wortgefechte mit ihm ein. Aber einmal, ein einziges Mal, habe ich erlebt, daß er sprachlos war. Und das auch noch an einem Ort, wo man rheinisches Wort-geplänkel nicht vermuten sollte. Das war so:

Wir hatten unser sonniges Rheinland für ein paar Tage verlassen und waren ins neblige Schottland gereist, wo wir eine der unzähligen Wasserburgen besichtigten. Es war eine einsame Gegend, traumhaft schön und nicht überlaufen. Auf dem Parkplatz standen nur wenige »Cars«, meist Einheimische, ein paar Franzosen und ein Schwede, wie der Bertes fachmännisch anhand der Nummernschilder feststellte. Und ein einsamer Deutscher.

Wir gingen außen um die Burg herum, wobei der Bertes lautstark und in breitester rheinischer Mundart seine Erläuterungen von sich gab. Die Lautstärke, mit der er dies tat, hätte leicht für eine Besuchergruppe von fünfzig Personen ausgereicht, aber das machte nichts, wir waren allein. Nur vor uns saß ein einsamer Herr und betrachtete traumverloren das Spiegelbild der Burg im Wasser des Grabens, der das Gemäuer umfing.

Der Bertes sprach vom »castle«, nannte den Turm »keep«, erläuterte die Bauweise eines »shellkeeps« und andere Besonderheiten im schottischen Burgenbau, bis ich einwarf, wir sollten doch versuchen, die Burg auch mal von innen zu besichtigen. Nur – wie kam man hinein?

Der Bertes peilte kurz die Lage. »Kein Problem«, sagte er dann und schritt entschlossen zu dem Herrn, der vorn am Wassergraben saß. »Excuse me, Sir«, sagte er in seinem feinsten Schulenglisch und verbeugte sich knapp, aber mit Grandezza – gentlemanlike eben – »excuse me, is it possible to visit this castle?«

Der Herr schaute auf. Dann erhob er sich, drehte sich um und wies mit der Hand in Richtung Zugbrücke, die den Wassergraben überspannte und in deren Nähe eine Holzbude stand.

In seinen Augenwinkeln glaubte ich für einen Augenblick die Andeutung eines schalkhaften Funkelns zu erkennen.

Und dann kam es: »Besichtigen?«, fragte er auf deutsch, »ja sischer dat!«, fuhr er lächelnd fort, »do hingen en der Holzbud nevve der Brück, do jitt et die Entrettskaate!«

Da war der Bertes sprachlos.

Auf rheinische Art

Einen wundervollen Sommer lang betrieb mein Freund Bertes eine Weinstube. Eigentlich war es gar keine richtige Weinstube, sondern ein Kelterhaus im Hof eines alten Weinguts. Gleich daneben lag eine große Wiese mit hohen, alten Bäumen, über deren Wipfel der romanische Kirchturm mit seinem Rhombendach lugte. Bergseitig schwangen sich in langen Reihen die Weinstöcke zur Höhe hinauf und talseitig schnitten die Fachwerkgiebel der Winzerhäuser schwarz-weiße Dreiecke in den Sommerhimmel.

Das Kelterhaus verströmte den Charme eines Wartesaals in einem Provinzbahnhof. Dort konnte man an der Theke einen Liter »Senhalser Römerberg« zu sechs Mark erstehen, mit dem man sich auf der Wiese an einen der Tische verfügte. Es gab nur diese eine Sorte Wein und auf der Speisekarte sah es ähnlich spartanisch aus. Einen Kanten Brot und ein Brocken Käse, das war schon die ganze Auswahl. Eine Bedienung gab es nicht, Flaschen und Gläser wurden von den Gästen nach Gebrauch ins Kelterhaus zurückgebracht.

Alle zwei Wochen fuhr der Bertes an die Mosel, Wein kaufen, die übrige Zeit saß er bei seinen Gästen, plauderte, schäkerte mit den Frauen oder spielte mit seinen Zwergziegen, die auf die ungewöhnlichen Namen Kaspar, Melchior und Balthasar hörten und meist

Unsinn trieben. Einmal wollte eine Mutter auf der Wiese Kindergeburtstag feiern und hatte eine gewaltige Tüte voll Kaffeeteilchen auf einem der langen Holztische deponiert, derweil sie mit der johlenden Schar auf der Wiese herumtollte. Als man sich zu Tisch begab, waren dort nur noch Papierfetzen übrig, während die Ziegen sich die süßen Mäuler ableckten.

Wer nun glaubt, der Bertes habe wenig Gäste gehabt, angesichts des kargen Angebots, angesichts der fehlenden Bedienung und angesichts der penetrant duftenden Ziegenböcke, der sieht sich getäuscht. Wenn das Wetter gut war, war die Wiese voll, wenn das Wetter schlecht war, knubbelte man sich im Kelterhaus. Bald hatte sich eine richtige Gemeinschaft gebildet. Man kannte und begrüßte sich, man wunderte sich, wo denn bloß der Peter oder die Monika heute bliebe, der Professor duzte sich mit der Sprechstundenhilfe und die Ministerialrätin mit dem Metzgergesellen, kurz, es herrschte paradiesische Eintracht und manche laue Sommernacht wurde so lang, daß es im Osten bereits katzgrau wurde, wenn die letzten Gäste sich verabschiedeten.

Bei schlechtem Wetter ging es zuweilen noch verrückter zu. Dann wurde es eng im Kelterhaus und die Erfahrung lehrt: wo es eng ist, da wird's gemütlich. Der Bertes nahm dann oft seine Gitarre von der Wand. Einmal war ein irischer Student im Kelterhaus, der setzte sich auf ein Faß und schmetterte seine schönen Volkslieder, daß es eine Lust war. Ein andermal fand sich unter den Gästen ein Dirigent, dessen Leibinstrument die Gitarre war. Er beherrschte sie so meisterlich, daß es vermutlich viel Geld gekostet hätte, eine Eintrittskarte für das Konzert zu erwerben, das er uns bot. Es war ein heiterer Haufen, der sich da zusammengefunden hatte. Neue Leute fügten sich nahtlos in die Gesellschaft ein, wenn sie drei Regeln beachteten:

1. Man trinkt, aber man ist nie betrunken.
2. Man singt, lacht, spricht, aber man wird nicht laut.
3. Man amüsiert sich, aber nie über zotige Witze.

Der Bertes verkaufte seinen Wein flaschenweise, weil er nichts ausschenken durfte. Irgendwelche Gastronomiegesetze verboten das. Nun traf es sich aber, daß er und ich hin und wieder gern ein Gläschen Trester tranken, und den trinkt man besser nicht flaschenweise. Trester ist ein scharfer Schnaps, der aus den Rückständen der Weintrauben nach dem Keltern gebrannt wird. Früher wurde er von den Dorfwinzern landauf und landab getrunken, aber im Verlauf der 60er Jahre mußte er irgendwelchen modischen Gesöffen weichen und wurde als billiger Altmännerschnaps verachtet. Heutzutage ist er wieder en vogue, denn er trägt einen ausländischen Namen, »Grappa«, und ist fünfmal so teuer, wie der alte gute Trester. Der Bertes brachte ab und zu eine Flasche von der Mosel mit und verbarg ihn unter der Theke. Nur er und ich wußten davon und wenn es niemand sah, genehmigten wir uns ein Gläschen.

So standen wir beide eines sonnigen Samstagmittags im Kelterhaus an der Theke und schlürften ge-nieße-risch ein Gläschen Trester. Noch waren wir allein, aber wir wußten, bald würde sich die Wiese füllen und es würde sicher wieder einen vergnüglichen Nachmit-tag und Abend geben.

Da wurde plötzlich die Tür aufgerissen, ein Mann er-schien im Türrahmen, ein Fremder, wir hatten ihn nie zuvor gesehen. Er war nur mittelgroß, aber von kräfti-ger Statur. Der Fremde schwankte ein wenig.

»He«, grölte er, »wo gibt's denn hier was zu saufen?«

Ich wechselte mit dem Bertes einen schnellen Blick. Das war kein Gast nach unserem Geschmack. Ob die Sache ungemütlich würde?

»Hier gibt's überhaupt nichts zu saufen«, sagte der Bertes.

Mit schweren Schritten kam der Kerl näher.

»Ich kriege hier jetzt was zu saufen«, brüllte er, »und zwar sehr plötzlich!« Er baute sich vor dem Bertes auf.

»Hier kriegst Du nichts zu saufen«, sagte der Bertes leise, »Du bist ja schon halb voll, schau zu, daß Du anderswo was kriegst.«

»Was?« ballte der Fremde die Fäuste, »ich bin überhaupt nicht voll. Hier!« Er knallte seine Geldbörse auf die Theke. »Hier kriege ich jetzt zu saufen! Ich will Bier. Sofort!«

Der Bertes wurde wütend:

»Erstens führe ich kein Bier und zweitens will ich Dich

hier nicht haben. Hier hast Du Dein Geld und nun verschwinde!«

Zornbebend ging der Fremde auf den Bertes zu. Der wich nicht zurück. Sie standen Nase an Nase, alle Muskeln angespannt. Gleich würde der Tanz losgehen. Der Fremde war etwas stämmiger, der Bertes war etwas größer. Außerdem waren wir zu zweit. Wir würden auf jeden Fall mit dem Kerl fertig werden. Aber es würde einiges Kleinholz geben in unserem schönen Kelterhaus und einige Scherben und der sonnige Nachmittag wäre vielleicht auch verdorben ....

Was tun?

Mein Blick fiel auf die Tresterflasche und unsere Gläschen auf der Theke und da hatte ich eine Idee. Sacht legte ich meine Hand auf den Arm vom Bertes.

»Laßt uns das Problem doch auf rheinische Art lösen«, riet ich und zwinkerte ihm zu.

»Auf rheinische Art?«, knurrte er, immer noch voll angespannt.

»Klar«, sagte ich, nahm ein drittes Gläschen, schenkte Trester ein und reichte es dem Fremden. »Hier«, sagte ich, »Du sollst zu saufen haben, prost!«

»Na, also!« knurrte der, blickte den Bertes giftig an und kippte den Trester hinunter.

»Was feierst Du eigentlich?« fragte ich in beiläufigem Ton.

»Examen«, antwortete er, »heute habe ich mein Examen bestanden, das muß begossen werden.«

Chorruine Heisterbach

»Klar«, sagte ich und goß nach, »gratuliere! Prost!«

Der Bertes grinste. »Was hast Du denn studiert?« fragte er.

»Pägadogik, äh, Pädagogik«. Die Zunge wollte nicht mehr so richtig.

»Auf die Kinderchen!« rief ich, »auf daß sie bei Dir nicht nur saufen lernen, prost!«

Dann tranken wir noch auf den Kultusminister, den 1. FC Köln und Brigitte Bardot.

Der Fremde schwankte zur Tür. »Wo ist denn hier ...«, fragte er.

»Draußen im Hof.« Der Bertes wies durch's Fenster, »da drüben.«

Die Kelterhaustür fiel ins Schloß, wir blickten erleichtert durch's Fenster, aber der Fremde erschien nicht auf dem Hof. Warum nicht?

Dem Bertes wurde plötzlich klar, warum. »Dieses Ferkel«, schrie er und schon waren wir draußen. Hinter dem Kelterhaus hing ein verrosteter Zigarettenautomat an der Wand, davor lagen alte Pflastersteine, zwischen denen Brennesseln emporwucherten. Und in denen wälzte sich der Pädagoge. Beim Verrichten seines kleinen Geschäfts hatte er versucht, aus dem defekten Automaten Zigaretten zu ziehen, hatte dabei das Gleichgewicht verloren, und nun rappelte er sich mühsam hoch.

»Wo kriege ich hier was zu saufen?« grunzte er.

»Hier entlang!« sagten wir unisono.

Wir drehten ihn in Richtung auf das Hoftor und schoben ihn sacht an.

Er schwankte zum Tor hinaus, und wir hörten ihn noch eine Weile auf der Straße herumbrabbeln.

»So«, sagte ich erleichtert, »das wäre geregelt.«

»Ja«, lachte der Bertes, »auf rheinische Art.«

Der Simpel

»Ein Simpel«, dozierte der Bertes, »das ist ein Mensch, der so einfältig ist, daß er jeden Quatsch glaubt.«

Wir standen in einem Obstladen, um uns für unsere Frühlingswanderung zu verproviantieren.

»Ja, schau Dir das an«, rief der Bertes plötzlich, »Kirschen, reife Kirschen, und das Ende März. Die müssen vom anderen Ende der Welt kommen.«

»Die kosten ja ein Vermögen«, warf ich ein.

Der Bertes kaufte trotzdem ein Pfund und dozierte derweil weiter.

»Einen Simpel erkenne ich sofort. Meist hat er einen leicht einfältigen Gesichtsausdruck, ist aber in aller Regel von ruhigem, freundlichen Wesen. Paß auf, ich zeig Dir einen. Hier der Verkäufer zum Beispiel.«

Er ergriff eine Kirsche an ihrem Stiel und zeigte sie ihm.

»Schauen Sie mal«, sagte er, »eine Kirsche, nicht wahr, und schauen Sie mal, was ich jetzt mache.« Er steckte die Kirsche mitsamt dem Stiel in den Mund. Dann machte er unter heftigen Grimassen und bei fest geschlossenem Mund einige Kaubewegungen, holte dann mit Daumen und Zeigefinger den Kirschenstiel aus dem Mund und zeigte ihn dem Verkäufer. Der Stiel hatte in der Mitte einen Knoten.

»Können Sie das auch?« fragte der Bertes lächelnd.

Der Verkäufer war hingerissen.

»Wie kann man denn wohl mit der Zunge einen Knoten in einen Kirschenstiel machen?« wunderte er sich.

»Siehst Du«, sagte der Bertes beim Weitergehen, »vorher steckt man sich natürlich einen Stiel mit Knoten in den Mund, aber darauf kommt ein Simpel natürlich nicht. Er ist halt ein wenig einfältig.«

Dann zogen wir los.

Am nächsten Morgen saßen wir beim Frühstück im Hotel. Aus dem Radio ertönte leise Unterhaltungsmusik. Dann berichtete ein Sprecher mit sachlicher Stimme über eine technische Sensation:

Der Universität Bonn sei es soeben gelungen, sagte er, bestimmte Steine sozusagen zum Sprechen zu bringen. Und zwar habe man entdeckt, daß es Steinarten gebe, die imstande seien, Schallwellen aufzunehmen und über Jahrhunderte hinweg zu speichern. In einem aufwendigen Verfahren sei es nun den Wissenschaftlern gelungen, die gespeicherten Schallwellen wieder hörbar zu machen. Man habe dazu Steine von einem Wachtturm des römischen Limes bei Rheinbrohl verwendet, die ein Gespräch zweier Wache schiebender Legionäre gespeichert hätten – ein Gespräch, das diese vor 1826 Jahren geführt hatten. Dieses werde man den Hörern nun präsentieren und bitte um Verständnis für die problematische Tonqualität.

Der Bertes packte mich am Arm.

»Hast Du das gehört, das ist ja unglaublich, was heutzutage alles möglich ist.«

Er sprang auf und stürzte zum Radio. Er konnte es laut stellen, wir beide waren die einzigen Gäste im Frühstücksraum.

Zunächst erscholl ein Rauschen, dann machte es entsetzlich laut krkrkrk, dann ertönte eine Baßstimme und deklamierte in feierlichem Hexameter:

»Sage mir, Gajus, was trieb Dich hierher in die nordischen Sümpfe?

Hast Du einst silberne Löffel geklaut von der Tafel des Feldherrn?

Hast Du dem Hauptmann entfremdet das Herz seines Liebchens?

Hart ist die Strafe, drum schwer muß auch wiegen die Untat, die Du begangen und sühnst in Rheinbrohl in den Sümpfen!«

Krkrkrkrk machte es wieder, dann antwortete eine andere Stimme:

»Ach, Kamerad, ein gar furchtbares Schicksal hat einst mich in Gallien getroffen, gut war der Wein, der mir dort einst im Römer gefunkelt.

Alkohol war es, der dann mir die Sinne vernebelt,

Felddienste hab' ich mit höhnischen Worten verweigert, wörtlich zitiert' ich den Götz, den prolet'schen Barbaren.

Das hat dem Feldherrn nun ganz und gar nicht gefallen.

Trübsinnig hock' ich seither an des Rhenus arg schlammigem Ufer, saufe die Brühe, die >Wein< man hier nennt und genieße die Liebe,

nein, nicht im Arm Aphroditens,

die Strafe ist hart und sie nennt sich Elfriede.«

krkrkrk

Der Bertes war sprachlos.

»Das ist ja unglaublich«, flüsterte er.

Krkrkrk machte es wieder.

»Schau, Kamerad, da kommt endlich die Wache, die neue, tschüß denn und sauf nicht soviel .....«

Krkrkrk. Ende.

Dann war da wieder die sachliche Stimme des Radiosprechers:

»Soweit das Gespräch der beiden Legionäre in Rheinbrohl. Weitere Informationen erteilt ... «

Der Bertes war wie benommen, so, als ob er das alles gar nicht richtig mitbekommen hätte.

»Was heutzutage nicht alles möglich ist«, wunderte er sich, »ich werde ...«

»Bertes«, mahnte ich, »Bertes, komm zu Dir. Das war doch alles Unsinn. Glaubst Du etwa, römische Legionäre auf Wache hätten sich in neuhochdeutscher Sprache und dazu auch noch in Hexametern unterhalten? Und sich mit ›tschüß‹ verabschiedet, statt mit ›Salve‹? Guten Morgen, lieber Bertes!«

Der Bertes erstarrte.

Das Radioprogramm lief weiter. Es erscholl ein Gong, dann eine Stimme:

»Es ist neun Uhr, Sie hören Nachrichten: Heute ist Sonntag, der 1. April ...«

Der Bertes griff sich an den Kopf.

»Heinrich,« stöhnte er dann, »Heinrich, weißt Du, was ich bin?«

»Ja, lieber Bertes«, antwortete ich voller Mitgefühl, »ich weiß es. Du bist ein Simpel, man erkennt das an Deinem leicht einfältigen Gesichtsausdruck!«

Mundraub

Beim Wandern lernt man Leute kennen. Besonders beim Wandern mit meinem Freund Bertes. Sein Einfallsreichtum war unerschöpflich, seine Lust, Kontakte zu knüpfen, ebenfalls. Bei der abendlichen Einkehr in einer Weinstube saß er im Nu bei den Einheimischen, nannte sie binnen kurzem beim Namen und begrüßte sie – und sie ihn – bei der nächsten Einkehr als alte Bekannte. Er sprühte vor Witz und guter Laune und wo am meisten gelacht wurde, da saß er mit am Tisch. Er hatte bloß einen Fehler:
Er stahl.
Nein, keine Handtaschen, Uhren oder Geldbörsen, Gott bewahre. Auch keine Autos, Perlenkolliers oder chinesischen Vasen, nein, er wurde zum Kleptomanen, sobald unser Wanderweg uns durch Gärten führte. Durch Gärten, in denen je nach Jahreszeit junge Erbsen, Möhrchen, Kirschen, Johannisbeeren, Äpfel oder Pflaumen reiften. Dann drehte er jedesmal durch. Er begnügte sich nicht damit, die Früchte von überhängenden Zweigen zu pflücken, nein, der Griff über den Zaun reizte ihn mehr. Seine Sucht war auch nicht durch ein verriegeltes Gartentörchen zu bremsen. Er stahl nie viel, meist nur eine gute Handvoll von den fremden Früchten. Er nannte es »Mundraub« und rechnete es zu den läßlichen Sünden.

Ein Fingerzeig vor St. Castor in Koblenz

Aber »Mundraub« ließ ich nicht gelten, zumal dann nicht, wenn wir uns kurz vor dem Diebstahl von einem opulenten Mittagsmahl zum Weiterwandern erhoben hatten.

Ruhige Vorhaltungen über die Ungesetzlichkeit seines Tuns prallten völlig wirkungslos von ihm ab. Kaum, daß er von fern etwas Naschbares in einem Garten erblickt hatte, brach er das fesselndste Gespräch abrupt ab, sein Schritt beschleunigte sich, seine Augen begannen zu leuchten und selbst die Anwesenheit von Zeugen, die sein diebisches Tun beobachteten, vermochte nicht, ihn von seinem Laster abzuhalten. Es war der pure Zufall, daß wir noch nicht von wachsamen Hunden zerrissen, von derben Gartenbesitzerfäusten übel zugerichtet oder von strengen Polizeibeamten abgeführt worden waren, wobei ich, als der unschuldige Teil, wohl kaum auf mildernde Umstände hätte hoffen dürfen. Mitgegangen, mitgefangen, mitgehangen.

An einem sonnigen Herbstabend stiegen wir von der Rheinhöhe hinab ins malerische Osterspay mit seinen herrlichen Fachwerkhäusern. Schon von weitem sah ich etwas, was meine Furcht vor seiner Kleptomanie aufs Höchste erregte. Da stand nämlich am Ortsrand ein schmuckes Wohnhaus mit einem weit geöffneten Fenster, davor ein Garten, darin ein Pflaumenbaum. Der hing über und über voll reifer, praller Pflaumen, so daß die Äste abzubrechen drohten. Prompt ließ der

Bertes unser Gespräch verstummen, sein Schritt beschleunigte sich und seine Augen begannen zu leuchten.

Ich packte ihn am Ärmel.

»Laß es«, warnte ich ihn, »siehst Du das offene Fenster? Da kann jeden Augenblick jemand ʼrausgucken und dann bist Du dran: Womöglich machen die den Hund los. Ich möchte wegen einiger Pflaumen keinen Ärger haben! Die können wir uns für ein paar Mark im Ort kiloweise kaufen.«

»Ach was«, rief er und steuerte auf den Zaun zu, »da hängen soviele Pflaumen, da wird schon keiner was dagegen haben, wenn ich ein paar davon nehme.«

Ich kannte meinen Freund Bertes. Weitere Bekehrungsversuche würden wirkungslos verpuffen, mir blieb nur die Resignation.

»Ich will nichts damit zu tun haben«, knurrte ich verärgert, trat Distanz schaffend auf die andere Straßenseite und beobachtete, wie er in die Zweige griff.

Da geschah es.

In dem weit geöffneten Fenster erschien eine stabil gebaute Frau, lehnte sich hinaus, stemmte ihre kräftigen Unterarme auf das äußere Fensterbrett und rief:

»Hallo ...«

Jetzt haben wir den Salat, dachte ich, aber das geschieht ihm recht! Sollen sie ihn prügeln, soll der Hund ihn beißen, soll die Polizei ihn mitnehmen.

»Hallo«, rief sie noch einmal, »nemme Se ruhisch tüchtisch met, mer habbe dies Jahr soviel Pflaumen, mer wisse net, wohin mit all dem Zeusch, mache Se sisch die Tasche ordentlisch voll!«

Sprach's, klappte das Fenster zu und verschwand.

Kein bissiger Hund, keine derbe Faust, keine Polizei, nichts.

Ich blickte angestrengt in den Himmel, wo eine große weiße Wolke eine hoch interessante wunderliche Form annahm.

Ich konnte mir den Triumph in seinen Augen gut vorstellen, mochte ihn aber nicht sehen. Das Hören blieb mir allerdings nicht erspart:

»Na, und?«

Wir gingen weiter. Ich sah aus den Augenwinkeln, daß er nur zwei Pflaumen abgepflückt hatte. Mundraub mit Erlaubnis machte ihm wohl doch nicht soviel Spaß?

»Alte Herrlichkeit« Erpel (hier das Stadtor)

Hochwasser

Linz, die »Bunte Stadt«, liegt am Rhein, manchmal teilweise auch im Rhein, nämlich dann, wenn der Strom Hochwasser führt. An den Basaltmauern des mittelalterlichen Rheintors zeigen eiserne Hochwassermarken den Wasserstand in Katastrophenjahren an. Auf dem angrenzenden Burgplatz steht ein uraltes Fachwerkhaus. Ein Fenster im ersten Obergeschoß wurde durch Entfernen der Brüstung zur Tür erweitert. Hier – so weist eine Inschrift an der Fassade aus – legt bei extremem Hochwasser der Kahn an, mithilfe dessen die Hausbewohner für die Dauer der Fluten mit Lebensmitteln versorgt werden. Wenn an warmen Sommertagen die Rheintouristen auf dieses Kuriosum aufmerksam gemacht werden, können sie sich kaum vorstellen, wie der malerische Burgplatz aussieht, wenn die lehmbraunen Wellen des Rheins gegen die Hauswände plätschern.

Als ich an einem solchen Sommertag die Stadt mit meinem Freund Bertes betrat, fielen uns auf dem Burgplatz einige Leute auf, die offensichtlich wartend herumstanden und sich in hochdeutscher Sprache unterhielten, wobei sie jedoch in der harten Sprechweise der Hanseaten das »s« vom »t« trennten. Sie warteten, wie wir bald erkannten, auf einen Stadtführer.

»Das ist ja nun doch ein s-tarkes S-tück«, sagte gerade

einer der Herren, »wo bleibt der Kerl denn nun? Der war doch für vierzehn Uhr bes-tellt.«

»Es ist ja noch drei Minuten bis dahin,« bemerkte eine der Damen begütigend. Sie führte einen Dackel an der Leine.

»Fünf Minuten vor der Zeit,« der Herr hob den Zeigefinger, »ist des Soldaten Pünktlichkeit.«

»Na ja,« meinte ein anderer, »so sind sie eben, diese Rheinländer. Das mußten wir doch damals bei den Nazis in der Schule lernen. Die Rheinländer gehören zur westischen Rasse. Wißt Ihr das noch?«

»S-timmt«, rief ein Dritter und deklamierte: »Der westische Mensch ist klein und zierlich. War es nicht so?«

»Richtig!« stimmte der Erste zu, »klein, schwarze Haare, schwarze Augen, leichtsinnig, oberflächlich, unzuverlässig, unpünktlich, das einzige, was die Rheinländer so richtig gut können, ist, Witze zu reißen.«

»Ihm fehlt es eben an Gemütstiefe und Schöpferkraft, haben wir lernen müssen«, sagte die Dame mit dem Dackel, »dabei muß man sich aber doch wundern, daß ausgerechnet der Rheinländer Göbbels...«

»Na ja«, fiel ihr einer der Herren ins Wort, »mit der S-prache, die die hier s-prechen, kann man ja auch nur Witze machen. Ich muß immer lachen, wenn ich die s-prechen höre: Ene jut jebratene Jans mit ener joldenen Jabel jejessen, is ene Jabe Jottes. Adenauer und Millowitsch, alaaf und helau!«

Der Erste blickte wieder auf seine Uhr. »Jetzt ist es aber vierzehn Uhr«, brummte er ärgerlich, »die sind hier aber tatsächlich unpünktlich...«

»Und lügen tun sie auch!«, fiel ihm der Bertes plötzlich ins Wort. Die Gruppe drehte sich überrascht nach uns um. Wir wurden gemustert.

»Sind Sie auch von hier?«, wollte einer wissen.

»Gottlob nicht«, antwortete der Bertes und gab sich große Mühe, akzentfrei zu sprechen, »ich muß nur beruflich hier sein und da erlebt man so allerhand.« Seine abwinkende Handbewegung drückte tiefe Resignation aus, zugleich signalisierte sie aber auch einen unendlichen Fundus an erschütternden Erfahrungen mit dem ortsansässigen Volk.

»Wieso denn?« Eine der Damen trat näher und blickte den Bertes forschend an, »was für Erfahrungen?«

»Na ja«, meinte der, »man muß hier verflixt aufpassen. Diese Rheinländer haben einen Heidenspaß daran, Ihnen einen Bären aufzubinden. Und dann lachen sie sich heimlich kaputt, wenn Sie auf solche Machenschaften hereinfallen.«

»Nein! Was Sie nicht sagen«, die Dame war ganz entrüstet, »was wollen die denn einem so erzählen?«

»Also«, holte der Bertes aus, »zum Beispiel: Sie warten auf einen Stadtführer. Der wird mit einer ganz normalen Verspätung irgendwann hier eintreffen und Ihnen dann erzählen, daß das Hochwasser des Rheins zuweilen hier drei Meter hoch auf dem Burgplatz steht und

Hochwasser vor der Tür: Linz am Rhein

daß dann hier«, er wies auf die Fenstertür im ersten Obergeschoß des uralten Fachwerkhauses, »daß dann hier der Kahn anlegt, und die Hausbewohner auf diesem Wege mit Lebensmitteln versorgt werden. Und während der Kerl diesen Unsinn erzählt, muß er aufpassen, daß er nicht allzu offensichtlich feixt, wenn Sie darauf hereinfallen.«

»Wieso«, fragte die Dame mit dem Dackel irritiert, »stimmt denn das gar nicht?«

»Aber woher denn«, der Bertes winkte ab, »ich bin ja nun schon etliche Jahre hier. Ein einziges Mal stand ein bißchen Hochwasser hier auf dem Burgplatz. So hoch war das«, er zeigte mit den Fingern drei Zentimeter, »Ihr Dackel hier«, er wies auf den kleinen Hund, »der hätte noch nicht einmal einen nassen Bauch bekommen.«

»Ja aber«, meldete sich die Dame ein wenig zaghaft zu Wort, »was ist mit den Wasserstandsmarkierungen hier an der Mauer...«

»...sind alle für die Touristen hochgesetzt worden.« ergänzte der Bertes. »Sehen Sie, die haben doch keinerlei Attraktionen hier in diesem Kaff, da machen sie sich mit so sensationellen Hochwasserständen eben selbst welche. So einfach ist das.«

»Das ist ja vielleicht ein Ding.« Die Gruppe verfiel in kollektive Entrüstung.

»Diese Rheinländer, leichtsinnig, unzuverlässig, verlogen«, murmelte die Dame und streichelte ihren Dackel.

Die Rheinstraße herunter eilte im Sturmschritt der Herr Schmitz, der Stadtführer. »Is dat die Jruppe aus Hambursch?« fragte er. Man nickte stumm.

»Also«, fuhr er fort, »mein Name is Schmitz, »isch möchte Sie jetz dursch unsere bunte Stadt führen und bejinne hier am Rheintor, wo ich Sie zuerst auf die Hochwassermarken aufmerksam machen möschte. Hier«, er wies auf die Fenstertür im ersten Obergeschoß des uralten Fachwerkhauses, »hier werden die Hausbewohner bei Extremhochwasser mit dem Kahn versorscht...«

»Es ist schon gut,« wurde er unterbrochen, »wir wissen Bescheid.«

Und die Dame mit dem Dackel sagte: »Und wenn sie nicht ges-torben sind ...«

»Wie meinen Se dat denn?« fragte der Herr Schmitz konsterniert.

»Wissen Sie«, sagte der Hamburger ärgerlich, »wenn Sie Ihre Touristenmärchen loswerden wollen, sind Sie bei uns falsch. Die können Sie den Amerikanern oder den Japanern erzählen, aber nicht uns.«

»Ja wat is denn jetzt los?« der Herr Schmitz breitete hilflos die Arme aus.

Die Dame mit dem Dackel berührte ihn begütigend am Arm. »Lassen Sie mal«, sagte sie, »wir wissen Bescheid. Dieser Herr da, wo ist er?«, sie drehte sich suchend um, »dieser Herr da, der hat uns eben alles erzählt. Ja wo ist er denn jetzt?...«

Aber wir waren bereits eilig um die nächste Ecke gebogen.

Die verlorene Wette

Mein Freund hört auf den alten rheinischen Namen Bertes, eine Kurzform des mittelalterlichen Namens Engelbert. Einer der Namensträger, der Erzbischof Engelbert von Berg, hat es im Kölnischen zur Ehre der Altäre gebracht, doch sein Name ist zu Zeiten der Kevins und Saschas aus der Mode gekommen.

Besagter Bertes, ein Kerl von hohem Wuchs, wuchtete eines schönen Sommermorgens in Beilstein an der Mosel einen riesigen Rucksack aus seinem Auto und erklärte mir, daß für unsere zünftige Wanderung Topf und Pfanne, Kocher und Zelt sowie Hängematte und Reserveschuhe unverzichtbar seien. Dann schulterte er das Ungetüm, ergriff einen furchterregenden Knotenstock und schon ging's die holprige Gasse hinauf. Auf dem winzigen Marktplatz, dessen eine Seite von den Metternich'schen Weinkellern eingenommen wird, lösten wir unser Proviantproblem dergestalt, daß wir aus dem gleißenden Sonnenlicht durch die schwarze Kellertür traten und uns von dem in weinduftender Kühle hantierenden Kellermeister je einen Liter Mosel erhandelten und in den Rucksäcken verstauten.

Beruhigt begannen wir nun den Aufstieg zur Burgruine. »Zehn Minuten Fußweg« versprach der Wegweiser. Wir schafften es in der Hälfte der Zeit und genossen den Blick auf das Gewirr der Schieferdächer, auf die Weinberge und den gewundenen Fluß. Und weil das alles so schön war, setzten wir uns auf die Burgmauer, ließen die Beine über dem Abgrund baumeln und uns die Sonne warm auf den Rücken scheinen. Für den Wein in den Rucksäcken war die Sonnenwärme jedoch weniger zuträglich. Vorsorglich beschlossen wir deshalb, ihn zu trinken und zwar vollständig, weil uns auch klargeworden war, daß halbvolle Flaschen im Rucksack beim Wandern durchgeschüttelt werden, was bekanntlich der Genießbarkeit des Rebensaftes wenig zuträglich ist. So saßen wir, sprachen anfangs über ernste Dinge, plauderten dann zunehmend Heiteres, während die Sonne stieg, bis sie nicht weiter steigen konnte.

Als wir auf diese Weise unseren Wein vor dem Verderben bewahrt hatten, verspürten wir seltsamerweise Durst und begannen mit dem Abstieg, den wir in kürzerer Zeit schafften, als den Aufstieg am Morgen. In der ersten Weinstube kehrten wir ein. Sie war gemütlich, wie das an der Mosel üblich ist, mit warmem Holz vertäfelt und buntem Glas am Fenster, doch uns stand heute der Sinn nach Sonne und so fragten wir die freundliche Wirtin, ob sie uns den Wein auch auf der Treppe vor der Haustür kredenzen wolle, wo die schmale Gasse vorbeiführte. »Natürlich!« lachte sie, und dann saßen wir wieder beim Wein, plauderten miteinander und mit den Leuten, welche die Gasse herauf- und hinabgingen und von Zeit zu Zeit füllte die Wirtin unsere Pokale nach. Rucksack und Knotenstock standen derweil verwaist in der Ecke. Zuweilen klang fröhliches Gelächter auf, wenn Winzer oder Spaziergänger sich mit uns in witzige Wortgefechte einließen. Ein Steinwurf die Gasse hinunter stand eine Verkaufsbude für allerlei Touristenschnickschnack. Da gab es Weinpokale mit der Aufschrift »Gruß aus Beilstein«, kleine Plastikbehälter, in denen, wenn man sie schüttelte, die Burgruine Metternich im Schneegestöber zu sehen war, Spazierstöcke, Ansichtskarten, Eis am Stiel und Holztäfelchen mit der Aufschrift. »Wenn's Arscherl brummt, ist's Herzerl g'sund«. Herr über all diese Kostbarkeiten war ein männliches Wesen, noch jung an Jahren, doch von erstaunlicher Leibesfülle, die wohl auch darauf zurückzuführen war, daß er fast unbeweglich über seinen Schätzen thronte, so daß wir uns anfangs fragten, ob er ein lebendes Wesen oder vielleicht eine Schaufensterpuppe sei. Als unsere Wirtin uns eben wieder zwei frische, goldfunkelnde Pokale auf die Treppe stellte, geschah das Unerwartete: Die Figur in der Bude bewegte sich. Der Mann trat heraus, schloß die Tür ab, watschelte die Gasse herauf und blieb vor uns stehen. Dann deutete er auf einen der Pokale und sagte: »Den kann ich austrinken, ohne das Glas zu berühren!«

»Soso!«, antworteten wir uninteressiert.

»Ohne es zu berühren!« wiederholte er.

»Meinetwegen«, murmelte der Bertes und schaute ein paar Leute an, die stehengeblieben waren, um dem Gespräch zuzuhören.

»Glaubt Ihr mir nicht?«, der Dicke war hartnäckig.

»Hör zu«, sagte ich, »laß uns in Ruhe mit Deinen Kindereien, schleich Dich!«

»Sollen wir wetten?«. Er schien unerbittlich. Der Bertes winkte ab: »Da ist wieder irgend so ein blöder Trick bei«, meinte er, »der trinkt dann aus einem Strohhalm oder irgend so was.« Die Schweinsäuglein des Dicken funkelten listig. »Natürlich ist ein Trick dabei.«

»Deshalb will ich Euch auch nicht übers Ohr hauen«, meinte er gönnerhaft, »wetten wir deshalb um gar nichts oder um eine Kleinigkeit, sagen wir mal, um einen Groschen. Einverstanden?«

»Um einen Groschen?« fragte der Bertes. Er witterte eine Möglichkeit, den lästigen Kerl auf rasche Weise los zu werden. »Einverstanden«, rief er dem Dicken zu, »los, zeig Deinen Trick!« »Okay«, grinste der, ergriff den vollen Pokal, freute sich kurz über Farbe und Geruch des Weins und trank ihn in genußvollen Zügen leer. Dann stellte er das leere Glas behutsam wieder auf die Treppe.

»He! Moment mal«, rief der Bertes empört ...

»Schon gut«, grinste der Dicke, wischte sich den Mund ab, nestelte ein 10-Pfennig-Stück aus seiner Hosentasche und legte es auf die Treppe. »Ihr habt gewonnen«, grunzte er zufrieden, watschelte die Gasse hin-

Beilstein an der Mosel

unter, öffnete die Tür seiner Bude und wuchtete seine Körperfülle auf den Thron über seinen Herrlichkeiten, derweil wir ihm mit offenem Mund nachblickten.

Der Bertes bekam seinen Mund erst wieder zu, als sich unter den Zuhörern Heiterkeit breitmachte. Er blickte versonnen auf seinen leeren Pokal und dann auf den Dicken in seiner Bude.

»Sieh mal einer an!«, sagte er bewundernd.

Die Appelplöck

Eine Erklärung vorweg:

Die schönsten Äpfel hängen bekanntlich immer oben im Baum an ganz dünnen Ästen und sind nach der herkömmlichen Methode mit der Leiter nicht zu ernten. Deshalb erfand der Rheinländer die Appelplöck. Das ist eine lange, dünne Holzstange mit einem kreisrunden, kronenförmigen Metallring, daran ein textiles Säckchen zum Auffangen der Früchte, die mit dem kronenförmigen Ring vom Ast gekämmt werden. Das Instrument trägt den präzisen Namen »Appelplöck«, weil der Durchschnittsrheinländer bekanntlich sprechfaul ist.

A propos sprechfaul.

Eines schönen Herbsttages wandere ich mit meinem Freund Bertes in der Eifel, als sich an einer Weggabelung ein Fremder zu uns gesellt, ein kleines Brillenmännchen mit vorwitzigen Mausäuglein, der uns nach dem Weg fragt. Er sei fremd hier, nie in der Eifel gewesen und ob er ein Stück des Weges mit uns gehen könne. In grenzenloser Gutmütigkeit, ja, Leichtfertigkeit stimmen wir zu, um es schon bald zu bereuen. Das Männlein macht nämlich den Mund auf und – nicht wieder zu. Zunächst fragt er, ob wir Angler seien, wartet die Antwort aber nicht ab, ist durch unser verneinendes Kopfschütteln nicht im geringsten beeindruckt und überhäuft uns mit seinen Anglererlebnissen, so daß wir kaum so schnell zuhören können, wie er spricht. Es sprudelt ohne Unterbrechung aus ihm heraus, was die angelnde Menschheit bisher über die Lebensgewohnheiten der Hechte, Aale, Barben, Forellen und Rotaugen in Erfahrung gebracht hat, von Ködern, Angelhaken, Schnüren und Ruten. Eine Zeitlang registrieren wir noch gespannt, wie lange ein Mensch ohne Atem zu holen sprechen kann, aber allmählich wird es uns zuviel. Zunächst demonstrieren wir – leider ohne jeden Erfolg – heftiges Desinteresse, dann aber beginnen in uns häßliche Träume zu reifen, die sicher nicht mit den Menschenrechtskonventionen der Vereinten Nationen in Einklang zu bringen wären, falls sie verwirklicht würden ...

Derweil gewinnen wir, von pausenlosem Geschwätz umflattert, Höhe. Die Herbstsonne hatte den Nebel schon von den Berggipfeln vertrieben, aber in den Tälern liegt er noch wie ein dichtes weißes Federbett. Unsere letzte Hoffnung ist, daß unserem Dauerredner vielleicht bei einer Tempoverschärfung ein wenig die Puste ausgehen könnte und – in der Tat – er muß mal schnaufen.

Geistesgegenwärtig nutzt der Bertes die unverhoffte Pause:

»Was nützen einem die schönsten Fische, wenn man kein Angelzeug dabei hat«, fragt er.

»Was?« der Kleine scheint empört, »was ein richtiger

Burg Thurand über Alken an der Mosel

Angler ist, der hat immer alles Notwendige dabei.«
Und er zieht ein Täschchen heraus, in dem tatsächlich
alles verstaut ist, Schnur, Haken undsoweiter und hält
es uns triumphierend unter die Nase.

»Na, gut«, brummt der Bertes, »aber Du hast keine
Rute.«

»Och«, winkt der Angler zuversichtlich ab, »das ist
doch kein Problem, an eine Rute kommt man doch
immer. Man muß sich nur zu helfen wissen.«

Der Herbsthimmel spannt sich in unendlicher Bläue
über uns, die Sonne scheint warm. Dort, rechts unter
uns liegt noch der dichte weiße Nebel auf der Talsohle.
Von dem Fußballplatz, der dort angelegt wurde, ist
nichts zu erkennen, nur flaches, weißes Nebelgewoge.
Plötzlich bricht das Anglergequassel jäh ab. Das Männlein zeigt rechts unter uns ins Tal.

»Dort, schaut mal, ein See«, ruft er, »ein See.«

Der Bertes schaut mich an und sagt: »Soso!«

»Sind da Fische drin?« Der Kleine wird ganz aufgeregt.

»Was weiß ich?«, brumme ich, »ich bin doch kein
Angler.«

»Da muß es doch Forellen geben«, mutmaßt der
Fremde, »vielleicht auch Hechte?«

»Wer weiß?« rätselt der Bertes.

»Wie groß könnten die sein?«

»Ooch«, überlegt der Bertes, »sicher nicht besonders
groß« und er zeigt mit den Händen einen guten halben
Meter, »so vielleicht?«

Das Geschwätz des Männchens ist plötzlich verstummt, dafür registrieren wir Jagdfieber in seinen Augen.

Vor uns, in einer Apfelwiese, liegt der einsame Gasthof. Auf den letzten Metern dorthin genießen wir die Stille wie ein unverhofftes Geschenk. Der Wirt, ein rauher, aber herzlicher Hüne, begrüßt uns, und wir laben uns an seinem vorzüglichen Wein. Derweil gleiten die Augen des Anglers unruhig suchend umher.

Und plötzlich wird er fündig. An der Hauswand hängt eine schöne lange Appelplöck.

Das könnte seine Angelrute werden. Im Nu hat er sie von der Wand genommen.

»Bin gleich wieder da!«, ruft er uns zu und stürzt sich in das Gestrüpp des Hangs, der steil zur Talsohle hin abfällt. Im gleichen Augenblick biegt der Wirt um die Hausecke.

»He, Du«, ruft er, »was machst Du mit meiner Appelplöck?«

»Ich bring sie gleich zurück«, schallt es aus dem Gebüsch, dann hört man noch eine Weile das Rascheln und Knacken der Zweige, und dann ist es für einen Augenblick ganz still.

»Jetzt steht er im Nebel vor dem Fußballtor«, stellt der Bertes sachlich fest.

Man hört wütende Schreie und dann ein Krachen, wie wenn Holz gegen Holz schlägt.

»Und jetzt hat er in seiner Wut mit der Appelplöck

53

drauf gehauen«, ergänze ich. »Übrigens, Herr Wirt, wir möchten gern zahlen.«

Wir biegen gerade um die Hausecke, als der Angler keuchend und zerkratzt aus dem Gestrüpp kriecht.

Ohne die Appelplöck.

Die hat er in seinem Zorn unten auf dem Fußballplatz liegengelassen. Vor ihm steht der Wirt. Er hat seine enormen Fäuste in die Hüften gestemmt und knurrt:

»Du gehst jetzt sofort wieder da 'runter und bringst mir meine Appelplöck zurück, sonst ...!«

Die Burg in Mayen

Friesenzauber

In Lorch steht ein stattlicher Renaissancebau, das Hilchenhaus. Renaissancebauten sind selten am Rhein. Der Strom hatte viel von seiner Bedeutung als Haupthandelsstraße eingebüßt, als nach der Entdekkung Amerikas der Überseeverkehr einsetzte. Gern hätten damals die Modernisierer die mittelalterlichen Bauten abgerissen, aber es fehlte ihnen das Geld für Neubauten und so blieben viele unserer romanischen und gotischen Baudenkmäler erhalten. Armut ist zuweilen der beste Konservator.

Renaissancebauten sind also selten am Rhein, besonders so schöne wie das Hilchenhaus. Hier kehrten wir nach einer Rheingauwanderung gern ein, und so saß ich eines Sommertags mit meinem Freund Bertes bei einem guten Schoppen und einem knusprigen Hähnchen in der Gaststube, als eine Gruppe von neun Herren den Raum betrat. Sie waren das, was man »ordentliche Leute« nennt, so um die 50 Jahre alt, gut gekleidet und in ein ernsthaftes Gespräch vertieft. Neben uns stand ein Tisch für acht Personen, den steuerte die Gruppe an. Man setzte sich und dabei blieb einer übrig, denn die Gruppe bestand – wie gesagt – aus neun Personen. Üblicherweise rückt man in solchen Fällen ein wenig zusammen, oder der Übriggebliebene angelt sich irgendwo einen Stuhl und setzt sich dazu.

Doch hier geschah nichts dergleichen. Der neunte Mann stand neben unserem Tisch und schaute bedröppelt vor sich hin, während die andern, im Gespräch vertieft, keine Notiz von ihm nahmen. Was waren das für Leute? Mir fiel ein, daß man uns kürzlich von einem Schulungsheim für Beamte erzählt hatte. Ob die Gruppe von dorther kam?

Der Bertes konnte im Moment nichts sagen, weil er den Mund voll hatte, deshalb schaute er den Herrn an und wies mit der Hand einladend auf einen freien Stuhl an unserem Tisch.

»Danke«, sagte der Mann und setzte sich.

Er trug ein weißes Hemd, eine korrekt gebundene Krawatte und ein Jackett.

Der Bertes schluckte.

»Beamter?« fragte er dann.

»Ja!« tönte es knapp zurück.

»Aha, sicher vom Schulungsheim. Wo sind Sie denn zu Hause?«

»In Friesland.«

»In Friesland?« der Bertes wurde plötzlich lebhaft. »In Friesland gibt es ganz erstaunliche Menschen«, dozierte er, »da gibt es ja auch den berühmten Friesenzauber, nicht wahr?«

»Den Friesenzauber?«, fragte der Beamte reserviert, »davon habe ich aber noch nie etwas gehört.«

Der Bertes tat entrüstet: »Noch nie vom Friesenzauber gehört? Das gibt es nicht, den kennt doch jeder.« Er wandte sich an mich: »Glaubst Du, daß es noch jemand gibt, der den Friesenzauber nicht kennt?«

»Nein«, beteuerte ich, »den Friesenzauber kennt jeder« und war aufs Höchste gespannt, was nun kommen würde.

Der Bertes schaute den Mann mit einer Mischung aus tiefem Mitgefühl und echter Herzensgüte an: »Jetzt mal ernsthaft, Sie kennen den Friesenzauber wirklich nicht?«

»Nein!«

»Na gut«, er schüttelte mißbilligend den Kopf ob solcher Ignoranz, »dann zeige ich Ihnen das mal.«

Er knöpfte die Manschette seines rechten Ärmels auf und schob das Hemd bis über den Ellenbogen hoch.

»So«, sagte er, »schauen Sie«, er wies auf den ent-blößten rechten Unterarm und drehte ihn zeigend hin und her. »Das ist kein Trick und keine Schummelei, das ist echter Zauber.« Dann nahm er seine Papierserviette, faltete sie auf, ergriff sie an zwei Ecken jeweils mit Daumen und Zeigefinger, zeigte sie auf der einen, dann auf der anderen Seite, so, wie ein Torero dem Stier das rote Tuch zeigt, dann ballte er die Rechte zur Faust, verbarg sie unter der Serviette und zupfte diese mit der Linken penibel zurecht. Danach versicherte er nochmals, daß hier alles ohne Netz und doppelten Boden vor sich gehe und forderte den Friesen auf:

»So, nun denken Sie sich eine Zahl aus zwischen eins und fünf.«

»Zwischen eins und fünf?«

»Ja, zwischen eins und fünf. Überlegen Sie es sich gut, und lassen Sie sich ruhig Zeit dabei!«

»Zwischen eins und fünf.« Der Friese zuckte verständnislos mit den Schultern, »dann meinetwegen – drei!«

»Aha, drei haben Sie gesagt?«

»Ja, drei!«

»Sie sind sicher, daß Sie drei meinen?«

Der Friese schien leicht genervt. »Ja!«

»Gut! Nun passen Sie mal auf!«

Er bewegte die verhüllte Rechte langsam auf das Gesicht des Friesen zu, dann ergriff er mit Daumen und Zeigefinger seiner Linken einen Zipfel der Serviette und riß sie mit einem Ruck weg. Zum Vorschein kam seine rechte Hand mit abgespreiztem Daumen, Zeigefinger und Mittelfinger.

»Sehen Sie«, rief er triumphierend, »drei!«

Der Friese starrte einen Augenblick auf die Hand, dann erhob er sich und ging zur Tür. Wortlos verließ er den Raum.

»Schade«, murmelte der Bertes, »warum ist er denn weggegangen?«

Dann wandte er sich wieder seinem Hähnchen zu.

»Friesen am Rhein!« knurrte er.

Entdeckerfreuden

Im Siebengebirge wundert man sich nicht, morgens bereits in aller Herrgottsfrühe Leute anzutreffen, die auf Schusters Rappen unterwegs sind.

Einmal war auch ich mit dem Bertes dort früh unterwegs. Auf der Löwenburg, dem zweithöchsten Berg im Siebengebirge mit der gleichnamigen Burgruine auf dem Gipfel, waren Ausgrabungen gemacht worden. Dabei hatten die Bodendenkmalpfleger einen großen Haufen Erdreich aufgeschüttet, nachdem sie ihn archäologisch untersucht hatten. Bei Gelegenheit fragte ich den Grabungsleiter, ob wir in dem Erdhaufen noch ein wenig herumwühlen dürften, und er erlaubte es. Daraufhin stiefelte ich mit dem Bertes an einem schönen Herbstmorgen zur Löwenburg hoch, in der Tasche je eine kleine Spitzkelle und im Kopf wilde Phantasien über die Funde, die wir dem Erdreich entreißen würden.

Unser Vorhaben nannten wir »Raubgrabung«, obwohl weder von Raub, noch von Grabung die Rede sein konnte. Unterwegs besprachen wir unsere Erfolgsaussichten. Sicher würden wir entweder den heiligen Gral oder den Stein der Weisen, vielleicht auch eine ergiebige Ölquelle finden. Der Morgen graute, als wir die Stätte unseres Schaffens erreichten. Wir trugen die übliche Kleidung der Pioniere der Archäologie: einen breitkrempigen Hut sowie Jacke und Hose im Safari-Look. Eben waren wir dem aufgeschütteten Erdhaufen mit unseren Spitzkellen zu Leibe gerückt, als ein Pärchen, die ersten Wanderer dieses jungen Tages, auftauchte und unserem Treiben verwundert zusah.

War der optische Eindruck bereits verwunderlich, so setzte der akustische die frühen Wanderer noch mehr in Erstaunen. Mein Freund Bertes hockte nämlich auf dem Erdhaufen und trällerte sein Lieblingslied vor sich hin, das er immer anstimmte, wenn er extrem guter Laune war. Es hatte nur eine Strophe und die bestand aus zwei Zeilen:

»Der Geist von Ludwig Erhard wacht,
im Wagen von der Linie acht.«

Ratlos blickten die beiden auf den singenden Forscher. Besonders die junge Frau schien von der Szene beunruhigt. Ich trat zu den beiden und sagte auf den Bertes weisend:

»Ist das nicht schön? Wie er sich freut. Er kommt ja auch nicht so oft raus. Und heute abend um Punkt sechs muß ich ihn auch wieder an der Pforte abliefern. Aber jetzt hat er seine helle Freude, nicht wahr!«

Die junge Frau zupfte ihren Begleiter am Ärmel.

»Komm, Ferdinand«, sagte sie, »laß uns gehen.«

Ich stieg zu dem Bertes auf den Erdhaufen und ermahnte ihn: »Ernsthafte Forscher singen nicht.

Schon gar nicht diese schwermütigen Lieder.«

»Gut,« meinte er, »seien wir ernsthaft« und stieß seine Kelle in den Erdhaufen. Wir fanden das eine oder andere Keramikbruchstückchen und legten unsere Funde ordentlich auf ein Brettstück.

Nach einer halben Stunde kam das nächste Paar, diesmal Leute in gesetzterem Alter. Recht selbstbewußt trat der Herr auf uns zu und fragte:

»Na, schon fündig geworden, heute Morgen?«

Der Bertes sah ihm lange und ernsthaft in die Augen. »Wie meinen Sie das?«

Der Herr verlor ein wenig von seiner Sicherheit.

»Na ja, ich meine, was hier auf dem Brett liegt, das ist ja nicht gerade viel.«

»Es kommt auf die Qualität an«, beschied ihn der Bertes, »nicht auf die Menge!« und drehte ihm den Rücken zu.

Der Herr wurde sichtlich interessiert, während die Frau seine Hand ergriff und ihn sachte wegzuziehen versuchte.

»Wieso«, fragte er, »ist denn etwas Qualitätvolles dabei?« Er wies auf die kleinen Scherben. »Hohes Mittelalter?«

»Verschiedenes«, knurrte der Bertes wenig freundlich, »hohes Mittelalter, aber auch Karolingisches.«

»Was«, rief der Herr, »eine karolingische Burganlage, gibt's denn das?«

Der Bertes fummelte mit seiner Spitzkelle in der Erde

Auf der Löwenburg

herum, fingerte einen Stein heraus und betrachtete ihn aufmerksam. Dann reichte er ihn zu mir herüber.

»Römisch«, murmelte er leise, aber deutlich verständlich. Ich nahm das Fundstück in die Hand, betrachtete es ebenfalls, warf es wieder auf den Erdhaufen und bestätigte: »Eindeutig römisch.«

Der Herr riß die Augen auf.

»Römisch?«, rief er, »ich dachte die Römer waren nur auf der linken Rheinseite, und jetzt finden Sie hier römische Sachen, das ist ja eine Sensation!«

»Die Geschichte des Siebengebirges«, dozierte der Bertes, »wird neu geschrieben werden müssen.« Er sah den Herrn so hochmütig an, wie es ihm eben möglich war.

Dann bückte er sich wieder, stocherte im Erdreich herum und stutzte. Er hob ein völlig von Lehm umhülltes Objekt hoch, das wie das Bruchstück einer kleinen Schale aussah, kratzte ein wenig daran, reichte es mir und schaute mich erwartungsvoll an.

»Ich habe es mir schon gedacht«, sagte er dann, »das ist keltisch.«

Ich nickte. »Drittes Jahrhundert vor Christus!« und reichte ihm den Fund zurück. Er warf ihn achtlos zur Seite.

Mit der Fassung des älteren Herrn war es vorbei: »Was«, rief er, »Sie machen einen keltischen Fund und werfen ihn einfach fort?«

Der Bertes winkte ab: »Für uns ist das hier alles keine

Überraschung,« stellte er fest, »und von den Dingern da,« er wies auf die Scherbe, »haben wir unsere Depots voll.«

»Ja, darf ich denn vielleicht...« der Herr war ganz aus dem Häuschen, »Ja darf ich denn diese keltische...?«

Der Bertes nickte gönnerhaft. »Meinetwegen können Sie das Ding ruhig mitnehmen.« Blitzartig hob der frühe Wanderer das Bruchstück auf. »Angelika«, rief er, »Angelika, schau mal, eine keltische Keramik« und begann, den Lehmüberzug abzukratzen, zuerst mit den Fingernägeln, dann mit einem flachen Steinchen. Er suchte sein Taschentuch, fand es nicht, fragte seine Frau nach dem ihren, entriß es ihr förmlich, als sie zögerte, es herzugeben und rieb und wischte wie ein Wilder an der Scherbe herum.

»Schau, Angelika, hier die Wölbung und hier der breite Rand.« Er bebte vor Entdeckerglück wie Schliemann vor Troja. »Da auf dem Rand, was ist das? Eine Schrift? Aber die Kelten verwendeten doch gar keine Schriftzeichen«, wunderte er sich.

Allmählich löste er die Lehmschicht von der Scherbe und ich sah eine rotbraune Glasur zutage treten. Da zupfte ich den Bertes am Ärmel. Der Herr war so in seine Arbeit vertieft, daß er gar nicht merkte, wie wir uns langsam entfernten. Mittlerweile hatte er auch den Rand der Tonscherbe freigelegt und auf dem traten nun eindeutig Schriftzeichen zutage. Er hatte ein wenig Mühe sie zu lesen, denn sie waren hier und dort beschädigt, aber schließlich gelang es ihm doch, sie zu entziffern. Wir bogen gerade um die Ecke, als wir ihn laut lesen hörten: »Schin-ken-hä-ger.«

Warum ist es am Rhein so schön?

Die Libelle Elisabeth

Der Bertes fotografierte gern und gut und besaß eine Fotoausrüstung von hoher Qualität und beachtlichem Umfang. Er ließ sich durch meine Spöttereien nicht davon abhalten, sie zuweilen bei unseren Wanderungen mitzuschleppen.

Es war ein warmer Sommertag, als wir in einem stillen Seitental der Mosel bachaufwärts wanderten und in einer kleinen Lichtung rasteten. Der Bach war hier zu einem kleinen See aufgestaut, an dessen Rand einige Schilfbüschel wuchsen. Mitten in der Lichtung lag ein fast mannshoher Felsblock.

»Schau Dir das an«, sagte der Bertes und wies mit der Hand zu dem Schilfgebüsch hin, »da – eine riesengroße Libelle! Siehst Du sie?«

In der Tat schwirrte dieses Insekt im Sonnenlicht über dem Schilf, schien zuweilen still in der Luft zu stehen, zuckte dann mehrfach hin und her und flog schließlich zu dem Felsblock, wo es sich niederließ, wahrscheinlich, um auszuruhen.

»Hast Du schon mal eine so große Libelle gesehen?«, staunte der Bertes. »Schau, da fliegt sie wieder!«

Wir sahen zu, wie sie zu dem Schilf hin schwirrte, dort in der Luft verharrte, dann immer wieder hin und her zuckte und nach einiger Zeit zu dem Felsblock zurückkehrte und sich dort genau an der gleichen Stelle niederließ, wo sie auch zuvor gerastet hatte. »Wie schön sie ist«, schwärmte der Bertes, »ich liebe Libellen. Diese Farben, diese Grazie! Weißt Du was, ich werde sie Elisabeth nennen.«

Ich schaute ihn voller Mitgefühl an und bemerkte beiläufig, daß ihm möglicherweise das schwere Fotostativ beim Wandern auf's Kleinhirn gedrückt habe, was zu Verwirrungen führe, mit denen man nicht spaßen sollte. Er aber sprang plötzlich auf und nestelte an seiner Fotoausrüstung herum.

»Ich werde sie jetzt fotografieren«, rief er voller Eifer, »und weißt Du wie ich das machen werde? Paß auf! Hast Du gesehen, daß sie sich zum Ausruhen auf dem Felsblock immer genau auf die gleiche Stelle setzt? Da baue ich jetzt meinen Fotoapparat auf und wenn sie dorthin zurückkommt, dann drücke ich ab. Du wirst sehen, das klappt!«

Er baute das Stativ auf, suchte das richtige Objektiv aus und rückte die gesamte Apparatur dicht an den Felsen heran. Die Attraktivität seiner Elisabeth sollte mit einer Nahaufnahme dokumentiert werden. Er richtete das Objektiv auf den Rastplatz seiner Schönen und war damit so beschäftigt, daß er den Fremden gar nicht bemerkte, der zu uns getreten war und der seinem Treiben interessiert zusah.

»So«, sagte der Bertes zufrieden, nachdem er den Landeplatz seiner Elisabeth scharf eingestellt und die Leine mit dem Auslöser angebracht hatte, »jetzt ist alles fertig!« Das Gesicht des Fremden war ein einziges Fragezeichen.

»Tschuldigung«, sagte er schließlich, »aber was machen Sie eigentlich da?«

»Fotografieren.« Die Antwort war knapp, zutreffend und überflüssig.

»Das sehe ich«, knurrte der Mann, »aber was wollen Sie denn fotografieren? Ein Stückchen von dem Stein da? Sind Sie ein Geologe? Wollen Sie die Steinstruktur studieren?«

»Nein«, lachte der Bertes, »ich bin kein Geologe.«

»Ja, aber was fotografieren Sie denn da um alles in der Welt! Da ist doch nichts zu sehen.« Der Fremde schüttelte den Kopf.

»Nichts zu sehen? Von wegen nichts zu sehen! Warten Sie's ab, sie wird gleich kommen«, versicherte der Bertes.

»Sie wird gleich kommen?« wiederholte der Mann, »wer wird gleich kommen?«

»Elisabeth«, sagte der Bertes mit Wärme in der Stimme, »Elisabeth wird gleich kommen.«

Der Fremde blickte den Bertes ratlos an.

»Welche Elisabeth? Wo ist sie denn?«, fragte er, »wo ist Ihre Elisabeth denn jetzt?«

»Da kommt sie schon«, rief der Bertes, »da über dem Schilf, die Libelle, sehen Sie?«

»Die Libelle – Elisabeth?«

»Ja, klar, ach, da kommt sie ja schon! Koooooomm,

Elisabeth, kooooomm, hock' dich her!« lockte er.

Und tatsächlich setzte sich die Libelle auf ihren gewohnten Rastplatz, der Fotoapparat machte klack und der Bertes jubelte:

»Das hast Du aber fein gemacht, Elisabeth, das wird sicher ein schönes Bildchen werden«, sagte er voller Stolz.

Der Fremde stand noch einen Augenblick mit offenem Mund da. Dann drehte er sich abrupt um und ging. Dabei murmelte er ein paar Sachen, die wir aber nicht verstehen konnten.

Jung', bei mir biste falsch

Es war Mai.

Der Flieder blühte, der Kuckuck rief, und ich wanderte mit meinem Freund Bertes über die Linzer Höhe. Hinter Dattenberg traten wir aus dem Wald heraus und erblickten vor uns im Tal ein langgestrecktes Dorf mit einer großen weißen Kirche am Hang, die wie eine Glucke die dichtgedrängten Häuser in der Talsohle zu hüten schien. In Rheinnähe, wohl ehemals vom Bach umflossen, stand die Burg mit vier schiefergedeckten Ecktürmchen. Von dort, talaufwärts, reihten sich wie an einer Perlenschnur die Häuser, viele aus Fachwerk, bis ihre Linie sich im tiefen Waldtal verlor.

»Leubsdorf«, konstatierte der Bertes, »der frohe Weinort.«

»Warst Du schon mal hier?«

»Nein, ich hab's in meinem Wanderführer gelesen. «

Was der Bertes in seinem Wanderführer liest, möchte er häufig auf seinen Wahrheitsgehalt überprüfen. Er ist von Natur aus skeptisch. Vielleicht liegt das daran, daß er selbst auch zwischen der einfachen, der gesprenkelten und der reinen Wahrheit unterscheidet.

»Heute ist es dort besonders schön«, stellte ich fest, »denn heute ist Kirmes in Leubsdorf.«

Davon stand nichts in seinem Wanderführer, aber der

Maienwind hatte schon seit einiger Zeit Musikfetzen den Hang heraufgeweht, und nun begannen auch noch die Glocken vom Kirchturm zu »beiern«. Dabei bewegt ein Kundiger mit jeder Hand und jedem Fuß einen Glockenklöppel und spielt in rascher Tonfolge alte Melodien.

Wir stiegen hinab. Das Dorf schien in unbändiger Festlaune zu vibrieren. Rot-weiße Fahnen hingen aus den Fenstern und die Häuser waren mit frischem Maigrün geschmückt. Auf der Straße lagen noch die Reste des Blütenteppichs, der für die morgendliche Prozession gestreut worden war. Vier Altäre waren am Prozessionsweg aufgestellt worden, jeder in eine andere Richtung weisend, auf daß der Segen, der hier mit dem Allerheiligsten erteilt wurde, den ganzen Erdkreis erfasse. Weißgekleidete und blütenbekränzte Mädchen, »Engelchen« genannt – deren Schlagfertigkeit Lützeler einst rühmte – Junggesellen mit Säbel und Bonaparteshut, Schützen mit altertümlichen Karabinern, Feuerwehrmänner und Kirchenchorsänger, Schulkinder und herausgeputzte Jungfrauen von der Kongregation; sie alle hatten am Morgen das Allerheiligste begleitet, das unter dem prächtigen Traghimmel feierlich durch die Straßen geführt worden war. Wenn der Priester am Altar die Monstranz zum Segen erhob, schien es, als halte das Dorf den Atem an.

Nun, gegen Abend, folgte der weltliche Teil der Kirmes. Festlich gewandet strömten die Leute zu den

Fachwerkhaus von 1753 in Leubsdorf

Tanzsälen. Wir hoben uns mit unserer Wanderkleidung deutlich ab, aber niemand störte sich an unserer Erscheinung. Der gute Wein lockerte die Zunge und fuhr uns in die müden Wanderbeine und schon bald glaubte ich, erste Symptome eines Jagdfiebers in den Augen meines Freundes Bertes zu entdecken.

Sie war groß, gertenschlank und sprühte vor Lebenslust.

»Inge«, raunte mir der Bertes zu, »sie heißt Inge und wohnt hier im Dorf.«

Es folgte Tanz auf Tanz und es wurde spät. Sehr spät. Dann begannen die Musiker, ihre Instrumente einzupacken. Der Bertes kam mit der Inge auf mich zu und flüsterte:

»Ich bring' sie nach Hause!«

Und da sagte die Inge zu meiner Überraschung zu mir:

»Komm doch mit!«

Mir schossen einige Gedanken durch den Kopf, von wegen fünftes Rad am Wagen, aber wir standen mitten in einer Gruppe von mehr als einem Dutzend Leuten, und diese ganze Gruppe setzte sich nun lachend und schwatzend talaufwärts in Bewegung und ich ließ mich verwirrt mittreiben. Der Bertes, nicht weniger verwirrt durch die freundliche Einladung, die seine Inge soeben ausgesprochen hatte, wies auf die Leute und fragte:

»Wer ist das?«

»Das sind meine Geschwister,« erklärte Inge.

»Wie bitte?« Der Bertes fühlte sich veralbert.

»Doch«, sagte sie, »ich habe acht Geschwister. Der Rest sind Freunde.«

»Und wie geht's jetzt weiter?«, fragte der Bertes leicht benommen.

»Jetzt gehen wir alle zu uns nach Hause, das machen wir immer so!«

Und schon drängte sich die lustige Meute in ein großes Haus, überflutete ein Wohnzimmer und fühlte sich offensichtlich daheim. Plötzlich standen gefüllte Weingläser auf dem Tisch und dann erschien die Mutter, eine Sechzigerin mit freundlichem Gesicht und brachte große Teller voll Kuchen. Sie lachte noch mit dem einen oder anderen und verschwand dann »ins Bett«, wie sie sagte.

Der Bertes rückte auf dem Sofa ein wenig näher an die Inge heran.

»Wo schlafen die denn alle heute nacht?«, wollte er wissen.

»Oben«, die Inge zuckte mit den Schultern, »wo denn sonst?«

»Schläfst Du denn auch oben?« Der Bertes schaute der Inge tief in die Augen. Sehr tief.

»Klar«, lachte sie.

»In welchem Zimmer?« Der Blick wurde noch tiefer.

Auf Inge's Stirn erschien eine steile Falte. Doch dann flüsterte sie:

»Wenn Du es genau wissen willst, die zweite Tür

links«, und dabei zwinkerte sie ihm mit einem Auge zu. Die Gläser wurden wieder und wieder nachgefüllt, aber als der erste Schnarchton aus einem der Sessel erscholl, sagte die Inge laut und fröhlich »Tschö!« und war verschwunden. Ein Viertelstündchen später erhob sich der Bertes vom Sofa.

»Wohin?«, fragte ich.

»Zweite Tür links«, flüsterte er, »hast Du gesehen, wie die mir zugegekniepst hat?«

»Du bist verrückt,« raunte ich, aber er war schon im Flur. Er horchte, und als er kein Geräusch vernahm, begann er, mit seinen schweren Wanderstiefeln langsam die hölzerne Treppe zu ersteigen, Stufe um Stufe, und jedesmal, wenn es knarrte, verharrte er einen Augenblick und lauschte.

Endlich war er oben. Er tastete er an der Wand entlang. Seine Augen hatten sich mittlerweile an die Dunkelheit gewöhnt und bald erkannte er die erste Tür links. Er tastete sich weiter zur zweiten, legte sein Ohr an das Türblatt, konnte aber keinen Laut vernehmen.

Da kratzte er behutsam mit dem Fingernagel am Holz, zuerst ganz leise, dann etwas vernehmlicher, aber er erhielt keine Antwort. Nun drückte er leise, ganz leise, die Klinke herunter und öffnete die Tür, zunächst nur ein wenig. Durch den Spalt konnte er einen Schrank sehen, dann eine Kommode, dann das Bett. Draußen vor dem Fenster stand eine Straßenlaterne und warf lediglich einen schwachen Lichtschein ins Zimmer.

»Inge!« flüsterte er, »Inge, ich bin's. Schläfst Du schon?«

Er erhielt keine Antwort. So leise er es mit seinen schweren Stiefeln vermochte, schlich er auf das Bett zu, konnte aber nicht verhindern, daß einige Holzdielen knarrten. In der Stille kamen ihm die Geräusche laut wie Gewittergrollen vor.

»Ingelein«, raunte er zärtlich, »hörst Du mich denn nicht.«

Er stand nun dicht vor dem Bett. Das Federbett leuchtete kalkweiß im Schein der Straßenlaterne. Doch, – was war das? Es hob und senkte sich in rasche Folge, es war wie ein Zittern.

Sie weint, durchfuhr es ihn, seine liebe Inge weinte. Warum bloß?

»Inge, warum weinst Du denn?«, sachte fuhr seine Hand unter die Bettdecke.

Doch die wurde mit einem Ruck zurückgeschlagen und prustend vor Lachen erhob sich die nachthemdumhüllte Gestalt der Mutter. Sie saß kerzengerade im Bett, hielt sich den Bauch und rief, vom Lachkrampf geschüttelt:

»Jung', bei mir biste falsch, Jung', bei mir biste falsch!«

Eine Sekunde stand der Bertes wie angewurzelt, starrte die Mutter der lieben Inge an, dann stürzte er aus dem Zimmer, polterte die Treppe herunter, riß mich, der ich suchend im Flur stand, mit hinaus und keuchte:

»Weg hier, nichts wie weg hier!«

Draußen rannte er die Straße hinunter und bog um die Ecke. Ich folgte gemächlich, weil ich mir seine plötzliche Hast nicht erklären konnte. Hinter mir im Haus gingen alle Lichter an. Dann sah ich den Bertes an eine Hauswand gelehnt stehen, und er hielt sich die Seite vor Lachen und japste immer wieder:

»Jung', bei mir biste falsch.«

Hausputz

Wer meinen Freund Bertes nach seiner Konfession fragt, erhält zur Antwort, er sei »rheinisch-katholisch«. Verwunderten Zeitgenossen beweist er das mit dem Kürzel »RK« in seinen Personalpapieren. Die Deutung »römisch-katholisch« für »RK« bestreitet er.

Die Frage nach dem Unterschied beantwortet er mit Beispielen, die belegen sollen, daß der rheinisch-katholische Mensch beim Weinen lachen kann und umgekehrt. Er meint auch, daß während der vorübergehenden Einheit von Seele und Leib letzterer nicht zu kurz kommen darf.

Er erzählt dann von seinem lieben Onkel Johann, dessen kürzliches Hinscheiden tiefe Trauer und echte Tränen auslöste, was aber keineswegs verhinderte, daß am Abend des Beisetzungstages das elterliche Fachwerkhäuschen vor lauter Gelächter schier einzustürzen drohte, als zum hundertsten Mal erzählt wurde, wie der Verblichene im Jahre '46 nach einer Treibjagd den französischen Besatzungsoffizieren ihren Jagdhund gebraten vorsetzte, während er und die anderen Treiber genüßlich das erlegte Reh verzehrten.

»Lachen tut dem Körper gut«, doziert der Bertes, »und was dem Körper gut tut, tut meist auch der Seele gut. Wenn man an eine prunkvolle Kirmesprozession denkt, mit Blasmusik und Glockenklang, mit Weihrauch und Blumenschmuck, mit blauem Himmel und Vogelgezwitscher, mit Sauerbraten und Rheinwein, ja, da geht einem doch das Herz auf. Natürlich muß das alles gut vorbereitet werden, das Fachwerkhäuschen muß frisch gestrichen, das Maiengrün geholt werden, der Sauerbraten ist einzulegen und abends vorher muß man in die Bütt und nachher frische Wäsche anziehen, das gehört alles dazu. Und gebeichtet muß man haben.«

»Gebeichtet?« frage ich.

»Natürlich!« Er schüttelt angesichts von soviel Unverstand den Kopf. »Schau mal, genau wie Du vor einem großen Fest Deinen Körper badest, frische Wäsche anziehst und Dein Haus putzt, genauso mußt Du Deine Seele putzen. Die Beichte ist sozusagen der Hausputz der Seele.«

»Der Hausputz der Seele?«

»Natürlich. Und weil in zwei Wochen Kirmes ist, fahre ich am Samstag nach Maria Laach zur Beichte. Kommst Du mit?«

»Warum fährst Du denn nach Maria Laach? Du kannst doch auch zu Hause beichten«, werfe ich ein.

»Ja, eigentlich schon, aber«, er zögert ein wenig, »unser Pastor braucht ja nicht unbedingt alles zu wissen.« –

Und so kommt es, daß wir beide samstags nach Maria Laach fahren, das Brohltal hinauf, vorbei an den Tuffsteinwänden, wo schon römische Legionäre Bausteine brachen, dann abwärts in den großen, jetzt wassergefüllten Vulkankrater, der erst vor kurzer Zeit – 12 000 Jahre sind geologisch gesehen eine sehr kurze Zeit – ein feuerspeiendes Loch in der Erdkruste war, hin zu der ehrwürdigen romanischen Abtei, deren Kirche glücklicherweise die Säkularisation überstand. Der Bertes verschwindet sofort in der Kirche, während ich zu der Gärtnerei gehe, die von den Mönchen des Klosters mit viel Sachkenntnis und ebensoviel Geschäftssinn betrieben wird.

Doch – die Gärtnerei ist heute geschlossen. Was tun? Am besten wird sein, überlege ich, in die Abteikirche zu gehen. Erstens gehe ich sehr gern dort hinein, zum andern kann ich den Bertes nachher nicht verfehlen. So durchschreite ich das Paradies, den Vorhof an der Westseite der Basilika, wo die berühmten Steinfiguren der Haareraufer den Ankommenden auffordern, allen Streit draußen zu lassen und das steinerne Teufelchen »peccata populi«, die Sünden des Volkes – ich frage mich, warum nur die – in ein Buch schreibt und öffne die schwere Bronzetür. Plötzlich ist es ganz still. Im Dämmerlicht erkenne ich die liegende Grabfigur des rheinischen Pfalzgrafen. Er ist als 33-jähriger dargestellt, so alt wie Jesus war, als er starb, ein junger Mann also, im Festgewand, mit einem leichten Lächeln um den Mund. »Der war wohl auch schon rheinisch-katholisch«, denke ich und suche mit den Augen den Bertes. Da vorne kniet er, ganz versunken. Dann steht er auf, betritt den Beichtstuhl im Seiten-

Trutzig gen Himmel: die Abteikirche Maria Laach

schiff und kniet nieder. Ich weiß natürlich, was nun geschieht, ich höre in der Stille sogar sein Wispern, ohne zu verstehen, was er sagt. Er schüttet dem Beichtvater seinen Sack voller Sünden hin, und wenn er damit fertig ist, wird er zum Schluß sagen:

»Dieses sind alle meine Sünden, ich bereue sie von Herzen!«

Und dann wird der Beichtvater einige ermahnende Worte zu ihm sprechen, ihm die Absolution erteilen und der Bertes wird erleichtert den Beichtstuhl verlassen.

Doch, – was ist das? Das Wispern vom Bertes hat aufgehört, gewiß hat er soeben gesagt »...ich bereue sie von Herzen« und wartet nun auf die Ermahnung des Priesters, doch aus dem dunklen Beichtstuhl kommt nichts. Warum kommt da nichts?

Ob der Beichtvater schwerhörig ist? Der Bertes wiederholt vorsichtshalber noch einmal, diesmal etwas lauter: »... ich bereue sie von Herzen!« Er wartet. Nichts. –

Und dann noch einmal, diesmal fast ein wenig ungehalten und so laut, daß man es beinahe schon verstehen kann: »... ich bereue sie von Herzen!!!«

Lauschen. Nichts.-

Er lugt in das Innere des Beichtstuhls, aber da drinnen ist es dunkel, er kann nichts erkennen. Der Bertes klopft an das Sprechgitter. Nichts. Hier stimmt etwas nicht, das wird ihm klar. Aber was?

Vielleicht ist der Beichtvater eingeschlafen, es ist so still und dämmrig in der Kirche, da kann das vielleicht vorkommen. Er klopft nochmal. Nichts.

Oder – er wagt es kaum zu denken, vielleicht ist dem Priester schlecht geworden? Ein Schlaganfall im Beichtstuhl? Dem Bertes wird ganz heiß. Er springt plötzlich auf, tritt vor das dunkle Gehäuse, zögert noch einen Augenblick unschlüssig, ergreift aber dann entschlossen das Vorhangtuch, das den Beichtvater vor neugierigen Blicken schützt und schiebt es zur Seite.

Der Beichtstuhl ist leer.

Ich schleiche mich aus der Kirche.

Eine Minute später kommt der Bertes aus der schweren Bronzetür.

»Na,« frage ich, »Hausputz beendet?«

Er schaut mich prüfend an.

»Hast Du das mitbekommen? Aber eins sage ich Dir. Noch einmal sage ich meine Sünden nicht auf. Für mich besitzt er Gültigkeit, dieser Hausputz!«

Das Bett
der Pfalzgräfin

Zunächst hieß diese Burg »Peterseck«, dann »Deuern-
burg«, auch »Thurmburg«, aber bekannt geworden ist
sie unter dem Namen »Maus«. Es heißt, die Herren auf
dieser Burg hätten immer Angst haben müssen vor
den streitlustigen Katzenelnbogener Grafen auf der
gegenüberliegenden Burg Rheinfels über St. Goar, der
größten Festung am Rhein, und auf Neu-Katzenelnbogen, ein wenig stromab von der Loreley.
Doch das ist ein Irrtum.
Die Maus gehörte nämlich den Trierer Kurfürsten und
die waren wohl noch ein gutes Stück mächtiger als die
Katzenelnbogen, die sich auf Rheinfels lieber zu Tode
soffen, als mit dem Erzbischof anzubändeln. Zum
andern war die Maus keineswegs klein und schmäch-
tig. Sie gehörte im Gegenteil zu den wehrhaftesten
Burgen ihrer Zeit am Rhein. Und so hockte die Feste
sicher und friedlich über dem Winzer- und Rheinschif-
ferort Wellmich und durfte in Ehren alt werden, bis sie
1806 auf Abbruch versteigert wurde, was ihrer
ohnehin in die Jahre gekommenen Bausubstanz nun
wirklich nicht zuträglich war.
Eine Touristenattraktion wurde sie ebensowenig wie
das beschauliche Dörfchen Wellmich zu ihren Füßen,
und so kam es, daß wir bei unseren Wanderungen be-

Burgruine Sterrenberg, einer der »feindlichen Brüder«

reits mehrfach auf ein verrammeltes Burgtor gestoßen waren. Auch das Spinxen durch die Türritzen blieb unergiebig, der Burghof besaß, soweit erkennbar, den Charme einer Sperrmüllhalde.

Aber als es eines Tages hieß, auf Burg Maus tue sich etwas, wurden wir neugierig. Zunächst nahmen wir in Wellmich, in der winzigen Weinstube am oberen Tor, beim Philipp, einen Schoppen. Normalerweise war man in der dörflichen Schenke recht gut darüber informiert, was auf der Burg geschah. Aber viel war diesmal hier nicht zu erfahren, nur, daß das Tor jetzt meist offen sei, daß man einen Schoppen Wein zu trinken bekomme und daß es sogar eine Burgführung gebe. Also machten wir uns auf den Weg, am oberen Tor hinaus und dann in Serpentinen bergauf, unser Hund Leo vorneweg.

Das Burgtor stand offen.

Auf dem Burghof sah es zwar noch wüst aus, doch eine ordnende Hand war bereits deutlich zu erkennen. Wir sahen uns gemächlich um, bewunderten den mächtigen Palasbau und den hohen, runden Bergfried und gelangten dabei auf die dem Rhein zugewandte Seite der Burg. Dort fanden wir einen Tisch mit Stühlen auf einem erkerartigen Vorbau. Hier tat sich ein herrlicher Blick auf über das Rheintal und die riesige Festung Rheinfels auf der gegenüberliegenden Höhe. Wir setzten uns und verschnauften.

Nach einiger Zeit erschien eine sympathische junge

Frau, die ein wenig überrascht schien, uns hier anzutreffen. Die Touristenströme hatten wohl auf der Burg
Maus noch nicht eingesetzt. Wir baten sie um zwei
Pokale Wein, waren sehr angetan von dessen Qualität
und erkundigten uns nach der Burgführung. Die junge
Frau schien ein bißchen verlegen, meinte, wir dürften
noch nicht allzu anspruchsvoll sein, alles sei noch im
Aufbau begriffen, der Führer werde gleich kommen,
ob wir ein wenig warten könnten.

»Natürlich, wir haben Zeit«, antworteten wir, bestell-
ten noch einen Schoppen und streckten uns wohlig in
der warmen Sonne aus. Langsam tuckerten die Schiffe
rheinauf und rheinab und die Autos krochen wie kleine Käfer über die Uferstraße. Über uns keifte ein Bus-
sard, und wir wurden rasch recht schwer und schläf-
rig. Dann hörten wir Schritte und ein Mann kam auf
uns zu.

Er war etwa Mitte fünfzig, und machte einen soliden
Eindruck. Er trug Arbeitskleidung.

»Wolle Se geführt wern?« fragte er uns.

»Ja. Natürlich. Machen Sie die Führung?« Die Arbeitskleidung irritierte uns ein wenig. Ein Burgführer im
Blaumann und mit schweren Arbeitsschuhen, das ist
ungewöhnlich.

»Ja, ich mach die Führunge«, antwortete er und zog
einen etwas zerknitterten Zettel aus der Tasche. Dann
nestelte er an seiner Jackentasche herum, entnahm ihr
eine Brille und setzte sie umständlich auf.

»Also«, sagte er und räusperte sich. Dann las er langsam und ein wenig stockend von seinem Zettel ab:

»Man betritt ... die Burganlage ... von der Ostseite ... durch das Burgtor.« Er strich den Zettel glatt und fuhr fort. »Linker Hand ... erkennt man den Palas... und bergseitig den runden Bergfried.«

Er rückte sich die Brille zurecht, das Ablesen machte ihm sichtlich Mühe.

»In dem Palas ... befindet sich ..., befindet sich ...« Er steckte sichtlich verärgert den Zettel weg und fuhr dann – jetzt ohne zu stocken – fort:

»Also do drinne«, er wies mit der Hand auf den Palas, »do wor das Bett von der Pfalzgräfin Elisabeth.«

Als diese Mitteilung bei uns keine sichtbare Überraschung auslöste, wiederholte er:

»Also das Bett von der Pfalzgräfin Elisabeth. Weil nämlich«, erläuterte er, »die Pfalzgräfinne die habbe ihr Kinner immer in de Pfalz gekrischt, gell, im Pfalzgrafenstein bei Kaub uf der Insel, mitte im Rhein, gell, abber die Pfalzgräfin Elisabeth ... also der ihr Bett, das hat nämlich hier in der Burg Maus im Palas gestanne ... Weil der ihre Mann, der Pfalzgraf, der wor uf dem Kreuzzuch im heilige Land hängegeblibbe und do hat die Pfalzgräfin Elisabeth, wie es dann soweit wor mit dem Kinnerkrijje, da hat dann ihr Bett hier uf de Burch Maus – gell ...«

Ich fiel ihm ins Wort.

»Sagen Sie bitte, warum beginnen Sie die Führung mit

dem Bett der Pfalzgräfin Elisabeth? Wir möchten gern wissen, wann die Burg Maus erbaut wurde und wer sie erbauen ließ und ob sie belagert oder erobert wurde und warum sie verfallen ist? Die Geschichte mit dem Bett der Pfalzgräfin Elisabeth ... «

Der Mann sah mich an. In seinen Augen stand ein wenig Resignation. Für einen Moment ließ er die Schultern hängen, dann gab er sich einen Ruck:

»Ach, wisse Se«, er winkte mit der Hand ab, »ich bin doch gar kein rischtischer Führer, ich bin doch der Maurer und ich mach do hinne die Mäuersche in Ordnung un da habbe se mir uffgetrage, ich soll neb-bebei aach de Führer mache un wie ich gesacht hab, isch kann das net, da habbe se mir das Zeusch hier uf e Zettelsche geschribbe un ich soll das ablese, aber das klappt net rischtisch un ich hab aach net die rischtische Brill uf. Die Geschicht von dem Bett von der Pfalzgräfin Elisabeth, die hab ich auswendisch behalte, sonst nix.«

»Wissen Sie was«, sagte der Bertes, »setzen Sie sich zu uns, trinken Sie ein Glas Wein mit uns.«

Aufatmend setzte sich der Mann an unseren Tisch. Wir haben uns bestens unterhalten, viel gelacht und uns herzlich verabschiedet. Man muß nicht alles über die Geschichte der Burg Maus wissen, um ein sympa-thischer Mensch zu sein. Es ist uns allerdings bis heute nicht zur Kenntnis gebracht worden, was es auf sich hatte mit dem Bett der Pfalzgräfin Elisabeth.

Was auf dem Boden liegt ...

Die bereits erwähnten kleptomanischen Anwandlungen meines Freundes Bertes (was die Eigentumsrechte an landwirtschaftlichen Produkten betrifft) – siehe dazu auch das Kapitel »Mundraub« – führten zuweilen zu überraschenden Ergebnissen.

So an jenem Herbsttag im Siebengebirge, als wir unterhalb des Löwenburger Hofs an der großen, abschüssigen Wiese mit den vielen Apfelbäumen vorbeikamen. Der Sommer war gut gewesen und die Bäume hingen voller Äpfel, was zu den bekannten Diskussionen mit dem Bertes über die Bedeutung der Begriffe »mein« und »dein« in rechtlicher und moralischer Sicht führte. Es waren immer dieselben Argumente, die er vorbrachte: »Das Grundstück ist nicht eingezäunt, also frei zugänglich, da darf jeder hin ... da sind so viele Äpfel, die kann der Eigentümer doch gar nicht alle ernten, da darf sich jeder bedienen ... die Äpfel werden vom Eigentümer doch sowieso nicht geerntet, die verfaulen doch bloß, wenn wir sie nicht nehmen ... wenn wir die Äpfel nicht pflücken, pflückt sie ein anderer ... so ein bißchen Mundraub, das schadet doch niemand« und so weiter und so weiter.

Auf meine Vorhaltungen hin brachte er heute ein neues Argument vor: Er wolle ja gar keine Äpfel vom Baum pflücken, behauptete er. Er wolle nur die am Boden liegenden aufheben.

Was auf dem Boden liegt, führte er aus, dürfe von jedem straflos genommen werden. Dies sei ein uralter Rechtsgrundsatz und der sei, wie er mit tiefem Ernst versicherte, schon in der germanischen Rechtspflege verankert gewesen. Natürlich ist es schwierig, solche Argumente zu widerlegen, wer kennt schon die Einzelheiten der germanischen Rechtspflege?

Während wir debattierend am Rand der Wiese standen, glitt unser Blick hinüber zu einem besonders prächtigen Apfelbaum, der über und über voll reifer Früchte hing. Und in dessen Krone turnte ein junger Mann herum, der in der Linken einen Einkaufsbeutel aus Leinen hielt, in den er behutsam die herrlichen Äpfel legte, die er mit der Rechten pflückte. Ein zweiter Beutel lag bereits gefüllt am Boden, er lehnte unten am Stamm des Baumes.

»Schau Dir den Kerl mal an«, staunte der Bertes und war zu meiner Überraschung wirklich entrüstet, »der klaut! Der klaut da die schönsten Äpfel!«

»Woher willst Du denn das wissen? Vielleicht ist das der Eigentümer?« fragte ich.

»Oh nein«, rief der Bertes, »das ist nicht der Eigentümer, den kenne ich nämlich!«

Die Empörung über den frechen Apfeldieb war ihm ins Gesicht geschrieben. Aber dann glitt ein Lächeln über sein Gesicht.

»Ich will«, verkündete er plötzlich schmunzelnd, »Dir jetzt einmal zeigen, wie solche Eigentumsprobleme in der Praxis gelöst werden.«

Er packte den derben Knotenstock, den er auf unseren Wanderungen immer mitführte, fest in die Rechte und schritt schnurstracks auf den Baum mit dem Apfeldieb los. Als er noch einen Steinwurf entfernt war, rief er laut, ohne seinen Schritt zu zügeln:

»He, Sie da, was fällt Ihnen denn ein? Was machen Sie denn da auf dem Apfelbaum?«

Man muß wissen, daß der Bertes mit einer Körperhöhe von gut 1,90 Metern und einer schlanken, doch athletischen Figur einen bedrohlichen Eindruck hervorzurufen imstande war, besonders bei Leuten mit einem schlechten Gewissen.

Der Apfeldieb erstarrte. Aber im nächsten Augenblick glitt er wieselflink von dem Baum herunter, stürzte die abschüssige Wiese hinab und war im Nu im Gebüsch des nahen Waldrandes verschwunden. Den vollen Beutel am Baumstamm ließ er zurück. Wir begutachteten seine Beute.

»Wundervolle Äpfel«, schwärmte der Bertes, dann packte er das Säckchen und steckte es seelenruhig in seinen riesigen Rucksack.

»Moment mal ...«, warf ich ein.

»Oh nein«, wehrte der Bertes sehr entschieden ab, »das haben wir eben alles gründlich durchgesprochen. Hier gilt der Rechtsgrundsatz: Was auf dem Boden liegt ...«

Der Oberschlesier

Der Rheinländer im Allgemeinen und mein Freund Bertes im Besonderen, ist ein Freund des treffsicheren Spotts. Wer schielt, ist ein Schäl und wer einen krummen Rücken hat, ist ein Buckel. Derlei gallische Freude an der schonungslosen Benennung menschlicher Unzulänglichkeit wirkt auf manche »Imis« – imitierte Rheinländer – hartherzig bis vulgär. Aber der »Speimanes«, »et fussig Julche«, der »Kallendresser« und wie sie alle heißen, gehören nunmal hierhin, wie der Wein und der Dom in Köln.

Schließlich haben die anderen ja auch ihre Eigentümlichkeiten und das ist auch gut so. Zum Beispiel die Schlesier. Sie gehörten, bis der Alte Fritz sie vereinnahmt, zum gemütlichen Österreich und da ist man bekanntlich versessen auf Titel. Dem Vernehmen nach soll die Ehefrau des Oberstraßenbahnschaffners beim Einkaufen Wert darauf gelegt haben, mit »Frau Oberstraßenbahnschaffner« angesprochen zu werden. Schlesier gelten auch – im Gegensatz zum Rheinländer – als äußerst pünktlich und gewissenhaft. Sie seien strebsam, so heißt es, schauen mit mehr Ehrfurcht als die eher respektlosen Rheinländer zur hohen Obrigkeit auf und es erfüllt sie mit großer Genugtuung, wenn sie von dieser eine Anerkennung ihrer Leistung in Form einer Beförderung erfahren. Mit berechtigtem Stolz tun sie diese dann unverzüglich auf Türschildchen, Visitenkarten und Briefköpfen ihrer mehr oder weniger neidischen Umwelt kund und laben sich besonders dann an einem neuen Titel, wenn ein »... ober ...« darin vorkommt.

Klischees, natürlich, alles Klischees, aber hin und wieder trifft man auf Leute, die ein wenig ins Klischee passen.

Willi war Schlesier. Es hatte ihn während des Krieges hierher verschlagen, er hatte geheiratet, besaß wohlerzogene Kinder, ein blitzsauberes Haus mit Garten und war bei der Stadt angestellt. Er fuhr die Fähre und das konnte man dem Fahrzeug ansehen. Unablässig putzte, scheuerte, pinselte und polierte der Willi das Schiff, daß es immer so aussah, als sei es soeben erst vom Stapel gelaufen. Morgens war er der erste, abends der letzte an Bord. Hatte er einen Tag frei, was er nur widerwillig hinnahm, legte er seinen Spaziergang so, daß er an der Fähre vorbeiführte. Es hätte ja sein können ...

Und so blieb es natürlich nicht aus, daß er bald im Dienstgrad aufstieg. Auf seiner Laufbahnleiter waren allerdings noch einige Sprossen zu erklimmen und ungeduldig erwartete er jedesmal die nächste Beförderung, wobei ihn weniger das Geld, desto mehr aber der Titel interessierte. Sein liebstes Gesprächsthema war »seine« Fähre und da bleibt es am Rhein natürlich nicht aus, daß an der Wirtshaustheke schon mal über seinen Diensteifer ein keckes Wort fällt, aber der Willi besaß einen jähen Zorn und zwei ansehnliche Fäuste und da hieß es flink abducken, wenn bei ihm ein Gewitter losging.

Es war ein schöner Samstag, als ich mit dem Bertes die Dorfstraße hinaufging. Der Bertes war in normaler Verfassung, was bei ihm soviel wie: zu allem Unsinn aufgelegt bedeutete. Er alberte mit den Leuten, neckte Mädchen und blieb niemandem eine Antwort schuldig. Plötzlich blieb er stehen.

»Guck mal«, sagte er, »der Willi, der geht jetzt bestimmt einen Schoppen trinken.« Und – in der Tat – der Willi verschwand in der Weinstube.

»Paß mal auf«, rief der Bertes, beschleunigte seinen Schritt und betrat ebenfalls die Weinstube, wobei er ein wenig Kurzatmigkeit heuchelte, so als ob er ein Stück gelaufen wäre.

Die Theke stand voller Männer, Tabakrauch stieg in Wolken hoch und alles schwadronierte laut durcheinander. Der Willi hatte sich am andern Ende der Theke hingestellt und wartete auf seinen Schoppen.

»He, Willi«, der Bert tat atemlos, »Willi, Du sollst sofort heimkommen.«

Der Willi tippte sich an die Stirn. »Was soll ich denn da?« fragte er, »da komm ich ja gerade her!«

»Doch, Willi«, beharrte der Bertes, »Du sollst sofort kommen, hat Deine Frau gesagt, die Post wäre gerade gekommen.«

»Ach, die Post«, brummte der Willi, »die kann mich mal, die lese ich heute nachmittag, das ist immer noch früh genug.«

»Aber es wäre Post von der Stadt, hat Deine Frau gesagt« rief der Bertes.

»Von der Stadt«, der Willi wurde nun doch aufmerksam, »was mögen die denn wollen?«

»Ja, der Bürgermeister hätte geschrieben, sagt Deine Frau.«

»Der Bürgermeister?« wiederholte der Willi. Er war jetzt hellwach. »Was mag der mir denn schreiben?« sinnierte er.

»Du wärst befördert worden.« Es wurde ganz still an der Theke.

Der Willi bekam einen glücklichen Glanz aufs Gesicht.

»Befördert?« hauchte er selig.

»Ja«, rief der Bertes, »vom Schlesier zum Oberschlesier.«

Aber da hieß es sehr flink abducken.

Herbststimmung im berühmten Königswinterer
Nachtigallental

Krieg der Dörfer

Mit meinem Freund Bertes wanderte ich bergauf nach Dattenberg und wieder bergab nach Linz, der bunten Stadt. Die Linzer werden »Strünzer« genannt, nicht nur des Reimes wegen. Strünzer, das sind Angeber, Großmäuler, was – nicht nur in Linz – zu einem Mißbrauch des Superlativ führt. Das zweifellos schmucke Rathaus am Markt wurde auf diese Weise zum ältesten im Lande gestrunzt und seine Erbauung ohne verläßliche Grundlage ins 14. Jahrhundert datiert. Dem Historiker, der die Bauzeit Anfang des 16. Jahrhunderts nachwies, wurde die Gunst der Stadtoberen entzogen. Auf dem Marktplatz vor diesem Rathaus herrschte buntes Treiben, es war Winzerfest, obwohl es in Linz – wie andernorts in der Nachbarschaft – kaum noch Weinanbau gibt. Wir mischten uns in das weinduftende Getümmel und erlebten hier den Krieg zweier Dörfer.

Um ihn zu verstehen, bedarf es einiger Erläuterungen. Sie wurden mit großer Bereitwilligkeit von einem Mann aus Leubsdorf gewährt, zu dem wir uns an den Tisch setzten und der auf den rheinischen Urnamen Schmitz hörte, Paul mit Vornamen. Er erklärte uns die Geschichte der Rheinlande wie folgt:

Als die Franken das Rheinland eroberten, besetzten sie zunächst nur die warmen und fruchtbaren Flußtäler, zum Beispiel in Leubsdorf. Die degenerierten Ureinwohner drängten sie auf die kalten, regenreichen Westerwaldhöhen ab, zum Beispiel nach Dattenberg. So kam das kulturelle Gefälle zustande, das zwischen den beiden Orten immer geherrscht hat und immer herrschen wird, obwohl sie durch kaum einen lächerlichen Kilometer Luftlinie voneinander entfernt, dagegen durch entscheidende 100 Meter Höhendifferenz voneinander getrennt sind. Jeder Fremde wird leicht feststellen, daß die Leubsdorfer intelligente, frohe, gastfreundliche, weltoffene Leute sind, während die Dattenberger durch Trübsinnigkeit, Geiz und Engstirnigkeit auffallen. Ja, es stellt sich die Frage, ob der Dattenberger wirklich eindeutig der Gattung homo sapiens sapiens zuzuordnen ist. Im Lauf der Jahrhunderte wurden mehrfach junge Dattenbergerinnen durch Heirat von der misanthropischen Tristess ihres Kaffs erlöst, was jedoch keineswegs zu einer Verbesserung der Situation beitrug. Jungen Männern aus Dattenberg wurde des öfteren durch strenge Anwendung der Prügelstrafe Manieren beigebracht, doch auch dies trug zu einer lediglich vorübergehenden Besserung bei. Lehrer und Pastöre in Dattenberg mußten im Halbjahreszyklus ausgewechselt werden, sonst wären sie der psychischen Verwahrlosung sowie dem physischen Hungertod zum Opfer gefallen.

Während dieses heimatkundlichen Seminars sprach Paul Schmitz fleißig dem goldenen Rebensaft zu.

Helene, seine sympathische Frau, sah es mit leichtem Stirnrunzeln, wußte sie doch, daß ihr Gemahl – ansonsten eine Seele von Mensch – recht eifersüchtig werden konnte, wenn der Promillepegel zu hoch stieg. Nach einer Weile stand sie auf, trat zu dem nahen Zigarettenautomaten und kramte in ihrer Geldbörse nach passendem Kleingeld. Sie fand aber offensichtlich nicht das Richtige. Ein junger Mann, der dies bemerkte, wandte sich ihr zu und fragte:

»Kann ich Ihnen helfen?«

»Ja«, antwortete Helene, »ich hab's nicht passend.«

»Ich kann wechseln.«

»Das ist nett, dankeschön!« Helene und der junge Mann lächelten sich an.

In diesem Augenblick schaute der Paul auf und sah die Beiden lächeln. Da passierte es. Er sprang auf, sauste leicht schwankend auf den jungen Mann los, holte aus und versetzte ihm eine schallende Ohrfeige. Im Nu bildete sich eine Traube gestikulierender, schreiender Menschen um die beiden. Helene ergriff ihren Mann am Arm und rief:

»Was machst Du denn da?«

»Was wollte der Kerl von Dir?« schrie der Paul.

»Du Dummkopf«, antwortete Helene, »der junge Mann war freundlich zu mir, hat mir Geld gewechselt für Zigaretten und Du, Du ...« Sie war ganz aus dem Häuschen vor Zorn, Scham und Aufregung.

Der Bertes drängte sich zu dem Paul vor.

»Hör mal«, sagte er zu ihm, »wenn Du möchtest, daß wir weiter an Deinem Tisch sitzen bleiben, dann mußt Du Dich sofort bei dem jungen Mann entschuldigen und ihn zu einem Glas Wein einladen. Wenn Du das nicht tust, setzen wir uns woanders hin.«

Der Paul druckste herum. Mit einem Schlage war er nüchtern. Er stand recht belämmert da. Er hatte zwar einen Fehler gemacht, aber doch nur, weil er seine Helene so gern hatte. Aber gerade sie hatte er mit seiner Eifersucht nun erzürnt und blamiert. Das mußte wiedergutgemacht werden. Aber wie? Es half alles nichts, er mußte klein beigeben.

»Ja, wenn das so ist«, knurrte er, »wenn Du nur Geld gewechselt hast ...« Er nahm den jungen Mann beim Arm und führte ihn zu unserem Tisch, »dann komm, setz Dich.«

Die Ohrfeige war so gewaltig gewesen, daß der Junge fast willenlos gehorchte.

»Hier«, murmelte der Paul verlegen, »hier, trink ein Glas Wein mit uns. Ich will mich entschuldigen.«

Das Menschenknäuel löste sich auf, die Leute fuhren mit ihren Unterhaltungen fort. Aber das Gesicht von dem Paul blieb umwölkt. Zu sehr wurmte ihn sein Fehler. Er wollte Normalität herstellen, als er den jungen Mann düster fragte:

»Wo kommst Du eigentlich her?«

»Woher ich komme?« fragte der verdattert und stotterte dann:

»Ich komme aus Dattenberg.«

»Aus Dattenberg?« Als er das hörte, hellte sich die Miene von dem Paul schlagartig auf, ein fröhliches Leuchten huschte über sein Gesicht.

»Aus Dattenberg?« fragte er jubelnd, »wirklich aus Dattenberg? Ja, dann war es ja doch gut, daß Du die Ohrfeige bekommen hast ...«

»Et könnt' jerode«

»Et könnt' jerode ...« – das heißt auf hochdeutsch: »Es könnte (gut) geraten ...« Gemeint ist, daß etwas – im Sinne des Sprechers – möglicherweise – ja, sogar wahrscheinlich – ein gutes Ende finden werde. Wer zum Beispiel einen Winzer im goldenen Oktober fragt, ob wohl der Wein gut werden würde, könnte die hoffnungsfrohe Antwort erhalten: »Er könnt' jerode ...«, wobei das »o« wie das erste »o« bei »Otto« klingt, nur gedehnter. Der Ausspruch »Et könnt' jerode« zeugt also von begründetem Optimismus.

Warum ich das erzähle?

Weil es für das Verständnis der Geschichte nötig ist, die uns – dem Bertes und mir – im Anschluß an die Ohrfeigenepisode beim Linzer Winzerfest (siehe Kapitel »Krieg der Dörfer«) erzählt wurde, nachdem wir uns nach überstandener Aufregung wieder gemütlich beim Wein zusammengefunden hatten.

Und diese Geschichte ging so:

In Leubsdorf gab's einen Schreiner namens Gottfried, der hatte seine Werkstatt am Dorfende. Jeden Morgen trat er vor Beginn seiner Arbeit aus dieser Werkstatt auf die Straße und schaute nach dem Wetter und zwar in Richtung Rhein, weil das Wetter gewöhnlich von dort herkam. Und als er das auch an einem gewissen Samstagmorgen im Oktober tat und dabei sah, daß sich der Himmel über ihm in einem makellosen Blau von Horizont zu Horizont spannte, da verfinsterte sich seine Miene, und er stapfte verdrossen in die Werkstatt zurück.

Seltsam, nicht wahr? Aber aus der Sicht eines überzeugten Leubsdorfers erklärlich. Es war nämlich so:

Im verfeindeten und verachteten Dattenberg feierte man an diesem Wochenende das traditionelle Winzerfest und aus diesem Anlaß ging, wie in jedem Jahr, am Winzerfestsonntag nachmittags ein festlicher Umzug durch das Dorf auf der Höhe. Da marschierten Musikkapellen und Tambourkorps, da fuhren viele herrlich geschmückte Festwagen, einer davon mit einer ansehnlichen Weinkönigin darauf samt charmantem Gefolge, lustige Fußgruppen liefen im Zug mit und das alles war – zum Verdruß der Leubsdorfer – so attraktiv, daß die Leute von nah und fern in hellen Scharen herbeiströmten, um dieses Spektakel zu erleben.

Glanzvoller Höhepunkt des Festzuges war ein großer Wagen, auf dem ein Dutzend fellgewandeter Männer mit wohlproportionierten Körpern und Hörnerhelmen auf den Köpfen als trinkfeste »Germanen« auf »Bärenfellen« herumlagen und dem bemerkenswert guten Dattenberger Rotwein in erstaunlichen Mengen zusprachen. Besonders dieser Festwagen riß die zahlreichen Besucher zum Leidwesen der Leubsdorfer immer wieder zu begeisterten Beifallsstürmen hin.

Die Leubsdorfer, die bekanntlich von dem nagenden

Zweifel geplagt waren, ob die Dattenberger wirklich der Gattung homo sapiens zuzuordnen seien, brachten anläßlich ihres eigenen Winzerfestes meist nur ein kümmerliches, wenig beachtetes Festzüglein zustande, was sie jedoch nicht daran hinderte, lautstark zu wettern, daß die Dattenberger »op der Hüh« ja eigentlich gar keine richtigen Winzer seien und sich auf ihrer nebeltrüben Westerwaldhöhe mit der Produktion von Rüben begnügen sollten. Deshalb verpaßten sie den Dattenbergern den Spitznamen: »Die Röpe«. Mit langem »ö« wie »Öl«.

Das einzige, was an dem besagten Winzerfestsonntag den ungeliebten Nachbarn das Fest hätte verderben können, wäre ein heftiges Unwetter gewesen, wenn möglich mit Blitz, Donner, Hagel und Wolkenbruch.

Und weil es, als der Gottfried an dem erwähnten Samstagmorgen zu dem makellos blauen Himmel aufblickte, durchaus nicht nach Blitz, Hagel und Wolkenbruch aussah, eher nach dem Gegenteil, machte er ein so verdrießliches Gesicht.

Eigentlich war sein Verdruß verwunderlich, stammte doch seine eigene Mutter aus Dattenberg. Er besaß eine Reihe Verwandter dort im »Röpeland«. Doch solche Verbindungen schienen die Abneigung gegen die »Röpe« eher zu verstärken, wovon jedoch das liebevolle Verhältnis zur Person seiner Mutter völlig unberührt blieb.

Mißmutig hantierte der Gottfried also den ganzen

Vormittag in seiner Werkstatt herum. Nach dem Mittagessen, trat er wieder hinaus auf die Straße und blickte zum Rhein hinüber. Da sah er mit Verwunderung, daß der Himmel sich etwas bezogen hatte. Er war nicht mehr so blau wie am Morgen. Die Wolken waren an ihren Oberseiten zwar weiß, wie sommerliche Schönwetterwolken, doch ihre Bäuche zeigten ein deutliches Grau. Gottfrieds Miene hellte sich ein ganz kleines bißchen auf.

Und als er am späten Nachmittag wieder auf die Straße trat und zum Himmel hinaufsah, da war der letzte blaue Fleck verschwunden und vom Rhein her zog es dunkel und drohend heran.

Wie würde der Dattenberger Festzug morgen verlaufen? Der Gottfried malte es sich aus.

Die Besucher werden wohl wieder in hellen Scharen auf den Berg strömen. Die Musikkapellen werden sich aufstellen, die Mutter der Weinkönigin wird mit feuchten Handflächen das prachtvolle Gewand ihrer Tochter zum hundertstenmal zurechtzupfen, die »Germanen« werden ihre »Bärenfelle« ausbreiten, die Hörnerhelme aufsetzen und nach ihren gewaltigen Trinkhörnern greifen. Das Volk wird jubeln und Beifall klatschen ...

Der Gottfried seufzte.

Da zuckte plötzlich ein Blitz über den Rhein und mit Getöse rollte der Donner das Tal herauf. Eine heftige Windböe trieb Staub und Laub vor sich her, es wurde dunkel. Kein Zweifel, das Wetter schlug um. Der

Wetterbericht hatte für die nächsten Tage Unwetter vorhergesagt, aber konnte man sich auf den Wetterbericht verlassen? Diesmal schien es so.

Und in dem gleichen Maße wie der Himmel sich verfinsterte, hellte sich die Miene von dem Gottfried auf. Glücklich horchte er auf das Grollen des Donners und raunte hoffnungsfroh:

»Et könnt' jerode ...«

Beheizte Weinberge

»Eemol em Johr, do weed en Scheffstour jemaht ...«, singen die Kölner. Recht haben sie!

Deshalb fuhr ich frühmorgens mit dem Bertes per Eisenbahn nach Rüdesheim. Dort machten wir eine kleine Wanderung zum Niederwald, wo eine üppige Germania ein wenig ratlos ihre riesige Krone in den Rheingauhimmel stemmt und gingen mittags an Bord eines weißen Köln-Düsseldorfer Rheindampfers, der uns in halbtägiger Reise nach Bonn befördern sollte. Ein babylonisches Sprachengewirr umflatterte uns, als wir begannen, zwischen Wald- und Rebenhängen, vorbei an Burgen und Städtchen auf dem durch die Arbeit der Schiffsdiesel leicht vibrierenden Sonnendeck rheinabwärts zu gleiten.

Eine kleine Reisegruppe umschwatzte uns lauthals. »Hör' Dir das an«, staunte der Bertes, »alles Amis.«

Es war ein fröhliches Völkchen, diese »Amis«, bunt, wohlbeleibt und unbekümmert. Man begann, neugierig unsere Wandermontur zu begutachten. Die Fortbewegung auf eigenen Füßen scheint in den Staaten nicht sehr »in« zu sein. Wozu wurde schließlich das Auto erfunden?

Bald waren wir in ein lustiges Gespräch verwickelt, das mit einem Gemisch aus Schulenglisch und Deutsch, mit Mimik und Gestik durchaus ergiebig,

Burg Neu-Katzenelnbogen

wahrscheinlich jedoch nicht sonderlich präzise ausfiel.

»Yes«, meinte einer, er sei »wonderful«, dieser »little trip« nach »old Germany«. Sie würden in Bonn heute nachmittag offiziell empfangen.

»Yes«, antwortete der Bertes, wir beide, er und ich, seien häufig zu Fuß am Rhein entlang unterwegs – was durchaus stimmte – wir seien exzellente Kenner der rheinischen Geschichte – womit er gewaltig aufschnitt – und er gab, derweil wir gerade am Mäuseturm vorbeiglitten, gleich eine Kostprobe seiner Kenntnisse zum Besten, indem er die schaurige Geschichte vom hartherzigen Bischof Hatto, erzählte, der hier von Mäusen aufgefressen worden sei.

Die Amerikaner waren begeistert.

Sie überhäuften den Bertes mit Fragen über Fragen, und der geriet nun richtig in Fahrt. Er plauderte über die Burgen Rheinstein, Reichenstein und Sooneck, wo König Rudolf von Habsburg einst die schönen Eichen am Flußufer mit Raubrittern verunzierte, die er am Halse aufknüpfen ließ, wo an der Clemenskapelle die grausige Geschichte mit dem alten Räuber Philipp von Bolanden spielte, der, mitsamt seinen Söhnen zum Tode durch Enthaupten verurteilt, den König um Gnade für seinen Jüngsten bat. Er stand nach seiner Enthauptung ohne Kopf auf und schritt die Reihe seiner Söhne entlang bis zum Jüngsten. Der König begnadigte den Knaben, so gerührt war er.

Unsere »Amis« waren es ebenfalls...

Wir passierten den Pfalzgrafenstein, wo man die Gefangenen – wie erzählt wird – auf ein schwimmendes Holzrost in einen Brunnen ankettete, wo sie bei Hochwasser jämmerlich ersoffen, dann an der Loreley, wo eine blonde Jungfrau sich dauernd kämmt, und an der Festung Rheinfels, wo die Grafen von Katzeneln-bogen sich an dem guten Rheinwein zu Tode soffen. Wir passierten Ehrenthal, wo der Weg in die Kirche durch die Kneipe führt.

Nachdem er an den feindlichen Brüdern die bekannte Geschichte von Heinrich Heine erzählt hatte, sank der Bertes erschöpft auf seinen Stuhl und stöhnte:

»Jetzt reicht es. Ich kann nicht mehr«.

»Du hast ja tolle Auskünfte gegeben«, sagte ich, »im wahrsten Sinne des Wortes.«

»Wie meinst Du das?« fragte er, »war ich nicht gut?«

»Na ja«, meinte ich, »für die Amerikaner ist Deutsch-land ein kleines Stückchen Land im fernen Europa. Unsere Geschichte steht nicht obenan auf ihrer Interessenskala. Wir wissen ja auch nicht viel über die ihre. Warum mußtest Du ihnen erzählen, daß die jun-gen rheinischen Ritter bei der Ritterprüfung einen Eimer Wein auf einen Zug aussaufen mußten? Daß manche Ritter einen unterirdischen Gang bis in den Vatikan graben ließen? Daß im November die weißen Frauen im Dutzend um die Zinnen mancher Burgen fliegen? Und daß die Burgschmiede die Keuschheits-gürtel in fünf Konfektionsgrößen angefertigt hätten?«

»Hat aber Spaß gemacht«, grinste er, »und die glauben das ja auch nicht alles. Aber jetzt fällt mir nichts mehr ein«.

Behaglich lehnte er sich in seinem Liegestuhl zurück und schloß die Augen, derweil wir auf die Marksburg zuschwebten, die einzige unzerstörte Höhenburg am Mittelrhein. Seine Ruhe wurde jäh unterbrochen:

»Was, bitte, sind das für drei Dinger da hinter der Burg?«

»Was für drei Dinger«, blinzelte der Bertes, »ach so, das sind drei Schornsteine«. Natürlich wußte er, daß sie zu dem Metallbetrieb gehören, der auf dem Berg hinter der Marksburg angesiedelt ist. Und leise brummte er: »Und jetzt laßt mir endlich meine Ruh!«

»Wozu, bitte, besitzt eine Burg drei große Schornsteine?«

»Wozu? Ach so, wozu? Ja von dort aus«, rief der Bertes, »haben die Ritter ihre Weinberge beheizt!«

»Die Weinberge beheizt?« Die Amerikaner blickten kopfschüttelnd durch ihre Ferngläser.

Der Bertes wurde wieder munter.

»Natürlich«, rief er, »schauen Sie doch einmal auf eine Weltkarte. Wir liegen hier auf der geographischen Breite von Labrador. Und haben Sie je einen Riesling aus Labrador getrunken? Nein! Viel zu kalt dort. Und hier auch. Und deshalb haben die Ritter die Weinberge beheizt!«

Das Schiff passierte Koblenz und Andernach, Linz und

114

Remagen. Die Amerikaner machten sich fertig zum Aussteigen.

In Bonn stand ein offizieller Herr im dunklen Anzug, begrüßte seine lieben Gäste und hoffte, daß sie eine angenehme Rheinreise hatten.

»Oh yes«, meinte der Sprecher der Gruppe, »very nice« sei es gewesen und viel Erstaunliches hätten sie gesehen. Beeindruckend, die vielen »castles« und »die mittelalterliche Technik der beheizten Weinberge ...«

»Wie bitte?«, der Offizielle war irritiert, »beheizte Weinberge? Wo haben Sie die denn gesehen?«

»Ich glaube, wir sollten jetzt gehen«, raunte ich dem Bertes zu.

»Oh yes, zwei freundliche Wanderer haben uns alles erklärt ...«

Den Rest haben wir nicht mehr gehört.

Zwischen Himmel und Erde

Mein Freund Peter hauste in seiner Junggesellenzeit in einem wunderschönen Fachwerkhaus, in dem vor langer Zeit einmal eine Bäckerei betrieben worden war, von der noch ein Backofenanbau auf der Rückseite des Hauses zeugte. Im Einvernehmen mit Peter hatten wenige Eingeweihte einen Weg erkundet, auf dem man ohne Schlüssel ins Haus gelangen konnte. Man stieg auf den Backofenanbau, öffnete einen hölzernen Klappladen am Hausgiebel und stieg dann im Innern des Hauses zwei steile Treppen hinab. So gelangte man in das Wohnzimmerchen mit dem alten Sofa und – noch wichtiger – in die Nähe des Kühlschranks, in dem immer einige Flaschen Riesling warteten. Wenn uns auf nächtlichen Heimwegen in der Nähe von Peter's Haus ein plötzlicher Durst überfiel, nutzten wir diesen geheimen Weg und zuweilen diente uns das alte Sofa als Ruhestätte für den meist kümmerlichen Rest der Nacht.

Eines Abends machte uns Peter mit einem Herrn bekannt. Das sei, erläuterte er, sein Bruder, ein Theologieprofessor aus Marburg. Der Professor machte seinem Berufsstand alle Ehre, sprach gelehrt und laut von theologischen Theorien und kam im Verlauf des Weinabends auf seine neueste Arbeit zu sprechen. Abergläubische Vorstellungen des einfachen Volkes, so dozierte er, sollten im Licht der exakten Wissenschaften untersucht werden. Was ist dran an Horoskopen, Wahrsagereien und Gespensterglauben? Alles Wahnvorstellungen, meinte er, die entstünden, weil viele Menschen sich wunderliche Geschehnisse und Zufälle nicht – in Klammern: noch nicht – erklären könnten.

Zum Zwecke ihrer Deutung wurden zu allen Zeiten irreale Scheinlösungen zusammengebastelt. In der griechischen Mythologie war es Zeus, der Göttervater, der die Blitze schleuderte und nicht die elektrische Spannung, und die berühmten weißen Frauen auf den Zinnen der Schlösser in Transsilvanien waren für Leichtgläubige wirklich existierende Gespenster und nicht Spiegelungen des Mondlichts oder falsche Schaltungen im Gehirn des Betrachters.

Unter der entspannenden Wirkung des Rieslings fühlte mein Freund Bertes sich plötzlich behaglich in der Rolle des Skeptikers.

»Tja«, sagte er zweifelnd und nahm einen frischen Schoppen zur Hand, »aber es gibt doch Dinge zwischen Himmel und Erde ...«

»Alles Unsinn«, ereiferte sich der weinerhitzte Professor, »zwischen Himmel und Erde gibt es Naturgesetze und die gelten immer.«

»Ja, aber«, der Bertes wurde widerborstig, »da gibt es doch eine Reihe von Phänomenen...«

»Eine Frage der Zeit«, dozierte der Professor, »wann

sich diese sogenannten Phänomene im Licht der Wissenschaften auflösen.«

Der Bertes blieb uneinsichtig. »Es gibt eben doch Dinge zwischen Himmel und Erde ...«

Und so ging es hin und her, die Runde wurde lauter und lauter, der Peter war längst gegangen, da stand auch der Professor auf. Er schwankte ein wenig, suchte und fand seinen Haustürschlüssel und verschwand nach Hause.

Auch der Bertes hatte in der Hitze der Wortgefechte dem Riesling tüchtig zugesprochen, und so machten wir beide uns ebenfalls auf den Heimweg. An Peters Fachwerkhaus blieb er stehen.

»Hier werden wir jetzt noch einen nehmen«, verkündete er.

Und trotz des vielen Rieslings hatte er rasch den Backofenanbau erklommen und verschwand in der Giebelöffnung. Er stieg die beiden Treppen hinunter und öffnete die Wohnzimmertür.

Er stutzte.

Da lag doch dieser Theologieprofessor, an den er gar nicht mehr gedacht hatte, laut schnarchend auf dem Sofa, das der Bertes nach häufiger Benutzung für sein Sofa hielt. Es sah recht wüst aus in dem Zimmerchen, der Professor hatte seine Hose achtlos auf einen Sessel geworfen, Schuhe und Strümpfe lagen verstreut umher. Leicht schwankend besah sich der Bertes den schnarchenden Gelehrten in seinem Chaos und schüt-

Kurfürstlicher Palast in Trier (im Hintergrund die Palastaula)

telte den Kopf. Wenig später stieg er schimpfend den Backofenanbau herunter.

»Komm 'rein«, sagte er zu mir, als wir bei ihm zu Hause ankamen, »dann nehmen wir eben hier bei mir noch einen.« In seinem Zimmer fiel sein Blick auf das Telefon.

»Ach, ja«, grunzte er und sein Blick wurde rachsüchtig. Er nahm den Hörer ab und wählte. Es dauerte lange, bis abgehoben wurde. Dann legte der Bertes los:

»Also«, schimpfte er in die Sprechmuschel, »also! Auf meinem Sofa lümmelst Du Dich herum! Was denkst Du Dir eigentlich dabei? Hm? Und wie sieht es denn bei Dir aus? Ist das vielleicht eine Art, wie Du Deine Hose dahingefeuert hast? Hm? Kannst Du die nicht ordentlich hinlegen? Und Deine Schuhe? Einer unter dem Tisch, der andere unter dem Sofa! Jawohl, unter dem Sofa! Bück Dich gefälligst, dann siehst Du ihn! Also, das will ich nicht noch mal erleben. Klar?«
Und knallte den Hörer wieder auf.

Morgens trudelte die fröhliche Runde allmählich wieder zum Frühschoppen ein. Als letzter kam der Professor. Er sah ein wenig grau und zerknittert aus. Irgend etwas schien mit ihm nicht zu stimmen.

»Wie geht's denn«, fragte der Bertes mitfühlend.

»Elend«, brummte der Professor. Er stützte die Stirn in die Hand und bestellte Kaffee. »Habe ich geträumt, oder was war das heute Nacht?« sinnierte er.

»Was war denn?«, wollte der Bertes wissen.

»Da hat mich jemand angerufen und mich beschimpft, meine Kleidung sei unordentlich hingelegt. Und meine Schuhe. Der wußte sogar, wo mein linker Schuh lag! Aber woher bloß? Ich hatte die Haustür doch sorgfältig abgeschlossen, ich hab's heute morgen noch kontrolliert.«

Er griff sich an die schmerzende Stirn. »Wie ist so was denn möglich? Oh weh, mein armer Kopf!«

»Tja«, meinte der Bertes und lehnte sich behaglich zurück, »es gibt eben Dinge zwischen Himmel und Erde ...«

Der Sozialfall

Am Rhein liebte man seit je her Wein und Weib und früher auch den Gesang, bevor dieser unter der Lawine angelsächsischen Lärms verkümmerte.

Unser kleiner Männerchor war mit einem Bus im Wispertal unterwegs. Sängerausflug. Kurz vor dem Gasthof Laukemühle rief der Jupp Schmitz gutgelaunt: »Schön habt Ihr gesungen, dafür gebe ich gleich eine Runde aus!«

Der Jupp Schmitz war ein angesehener Mann, fleißig und wohlhabend, dabei einer, der in rheinischer Art sich und anderen etwas gönnte, indem er zuweilen eine Runde spendierte, wenn es was zu feiern gab. Beim letzten Bus-Stop hatten wir ein Lied gesungen, das ihm besonders gut gefallen hatte, deshalb kündigte er nun an, im Gasthaus Laukemühle eine Runde auszugeben.

Unser Dirigent, rief mit gutmütigem Spott: »Eine ganze Runde? Das wird Dich aber teuer zu stehen kommen. Das machst Du ja doch nicht!«

»Was?«, rief der Jupp empört, »natürlich gebe ich eine Runde aus, auch zwei, wenn es mir gefällt!«

Alle wußten, daß der Jupp sich nicht lumpen ließ, und daß es ihm auch auf zwei Runden nicht ankäme. Um so erstaunter war der Verein, als der Bertes laut und vernehmlich feststellte.

»Nein, der Jupp wird in der Laukemühle keine Runde bezahlen! Wollen wir wetten?«

»Quatsch! Wetten. Da braucht man nicht zu wetten. Du wirst die Runde ja gleich sehen!« knurrte der Jupp und schon bog der Bus in den Parkplatz der Laukemühle ein. Wie der Blitz schoß der Bertes aus dem Bus und verschwand im Gasthof.

»Der hat aber ein Sextanerbläschen«, lachten die Sangesbrüder in völliger Fehleinschätzung der Situation, wie sich später herausstellte, zogen gemächlich ihre Jacken an und strebten in Gruppen der Wirtshaustür zu, derweil unser Dirigent, ein Abstinenzler, seinen gewohnten Spaziergang antrat.

Der Bertes war durchaus nicht dort, wo der Kaiser zu Fuß hingeht. Er hatte den Wirt beiseite genommen und flüsterte:

»Wir haben in unserem Gesangverein einen schwierigen Fall. Sehen Sie den mit der karierten Jacke? Der tritt immer recht selbstbewußt auf und macht großzügige Bestellungen. Dabei hat der kaum eine Mark in der Tasche. Am besten wird sein, wenn Sie ihn und seine Bestellungen ignorieren. Beachten Sie ihn nicht, auch wenn er laut werden sollte.«

»Warum nehmen Sie denn so einen Kerl mit?«, erkundigte sich der Wirt.

»Ach, wissen Sie«, der Bertes hob bedauernd die Schultern, »wir wohnen in einem kleinen Dorf und sein Vater war schon in unserem Gesangverein, da läßt man keinen hängen. Wir bezahlen deshalb für ihn mit.«

»Aha!« stellte der Wirt fest, »so eine Art Sozialfall, wie?«

»Sozialfall«, nickte der Bertes, »also, Sie wissen Bescheid? Passen Sie auf, wenn der gleich reinkommt, ruft der gleich: ›Eine Runde bitte!‹, Sie werden sehen!«

»Vielen Dank auch«, sagte der Wirt, »ich weiß Bescheid.«

Im gleichen Augenblick ging die Tür auf und der Jupp betrat mit den Sangesbrüdern die Wirtsstube.

»Eine Runde bitte!« rief er.

»Willkommen!« rief der Wirt, »bitte nehmen Sie Platz, Bedienung kommt gleich.« Und verschwand kurz mit der Bedienung im Nebenraum.

Wenig später trat sie an den Tisch: »Was darf's denn sein?«, lächelte sie.

»Eine Runde Wein« rief der Jupp, mit leiser Ungeduld in seinem Tonfall. Er machte seine Bestellung nun schließlich schon zum zweitenmal.

»Ist schon gut!«, sagte das Mädchen und blickte am Jupp vorbei. Dann erkundigte sie sich reihum, wer lieber trockenen oder lieber lieblichen Wein wünsche, brachte die gefüllten Pokale und schrieb die Runde beim Bertes an.

»Moment mal«, protestierte der Jupp, »die Runde habe ich bestellt, die wird bei mir angeschrieben!«

»Tut mir leid«, sagte das Mädchen schnippisch, »diese

Runde hat der Herr da«, sie wies auf den Bertes »bestellt.« Und weg war sie.

»Das stimmt doch gar nicht«, schimpfte der Jupp, »ich hab doch schon beim Reinkommen bestellt. Na schön«, beruhigte er sich dann, »dann übernehme ich eben die nächste Runde!«

Es folgte ein lustiges Geplauder, ein Lied und dann waren die Pokale leer.

»Herr Wirt«, rief der Jupp, »jetzt kommt aber endlich meine Runde.«

»Ist schon gut«, antwortete der Wirt, »bleiben Sie ganz ruhig.«

»Was soll das denn heißen?« Der Jupp wurde mißtrauisch.

»Was das heißen soll?« giftete der Wirt, »daß wir Bescheid wissen, soll das heißen!«

Während dem Jupp der Mund offen stehen blieb, brachte das Mädchen die Runde und schrieb sie bei mir an.

Der Jupp verstand die Welt nicht mehr. Verdattert saß er herum, bis unser abstinenter Dirigent die Wirtsstube betrat und auf seine Uhr sah.

»Wir müssen weiter.«

Und im Bus fragte er:

»Na, hat der Jupp ordentlich einen ausgegeben?«

»Nein!« krähte der Bertes, »natürlich nicht! Nicht einen Tropfen!«

»Ich versteh das nicht«, grübelte der Jupp, »die haben

meine Bestellungen überhaupt nicht zur Kenntnis genommen. Und dann diese blöden Anspielungen! Ich versteh das alles nicht!«

»Ich aber«, lachte der Bertes, »ich hab Dir doch schon vorher gesagt, daß Du in der Laukemühle keine Runde bezahlen wirst ... Ich wollte sogar wetten. Schade, daß Du nicht darauf eingegangen bist.«

Der Jupp war plötzlich hellwach.

»Bürschlein«, schrie er, »was hast Du da angestellt?«

»Ich?« lachte der Bertes, »Du bist das Problem. Du bist neuerdings nämlich unser Sozialfall.«

Kirche und Burghaus am Fuße des Hammersteins

Gift, nichts als Gift

Morgens in Kaub begannen wir unsere Wanderung, die am Abend in Lorch enden sollte. Eben ging die Sonne auf, als wir an einem hübschen Haus vorbeikamen, vor dem eine Bank stand. Darauf saß eine junge Frau, deren Erscheinung unsere Aufmerksamkeit erregte. Sie trug einen langen Rock, hatte ihr schwarzes Haar am Hinterkopf zu einem Knoten zusammengebunden und las in einem Buch auf ihren Knien. Als wir näher traten, schaute sie auf. Sie hatte ein hübsches Gesicht, vielleicht waren die Lippen ein wenig zu schmal.

»Einen wunderschönen guten Morgen, wünsche ich«, der Bertes deutete eine artige Verbeugung an.

»Guten Morgen«, antwortete sie ein wenig reserviert.

»Dürfen zwei rüstige Wandersleut' Sie mit der Frage behelligen, auf welchem Wege man in das Städtchen Lorch gelangt und wo man dort ein zünftiges Mahl, ein sauberes Nachtlager und – vor allem – einen guten Schoppen Wein erhält?«

Er gefällt sich heute in der Rolle des Barockkavaliers, lachte ich heimlich. Den Weg nach Lorch kannten wir natürlich genau und ebenso die guten Weinstuben.

»Auf die Fragen eins und zwei kann ich antworten«, sie ging lächelnd auf seine gezierte Redeweise ein, »von Ihrem dritten Begehr rate ich ab.«

»Von dem dritten Begehr?«, überlegte der Bertes, »etwa vom Wein?«

»Ja, vom Wein!« Ihre Stimme klang hart. Man hörte, sie stammte nicht vom Rhein. Der Bertes war sprachlos.

»Kann man vom Wein auch abraten?«, fragte er, »heißt das, wir sollen keinen Wein trinken.«

»Genau das heißt es!«

»Aber – warum in aller Welt sollen wir keinen Wein trinken?«

Sie schaut ihn eindringlich an: »Unser Herr Jesus will das nicht.«

»Moment mal«, warf ich ein, »soviel ich weiß, hat unser Herr Jesus gern fröhlich gefeiert und sicher auch Wein getrunken, und wahrscheinlich hat er sogar etwas vom Wein verstanden, denn bei der Hochzeit zu Kanaa ...«

Sie stand auf und klappte das Buch zu, es war eine Bibel.

»... bei der Hochzeit zu Kanaa hat er sogar einen besonders guten Wein ...«

Sie schüttelte den Kopf.

»Dann lesen Sie's doch nach«, forderte ich sie auf, »und – übrigens – jeden Morgen, bei der heiligen Messe steht ebenfalls ein Kelch mit Wein auf dem Altar ...«

»Seid nüchtern und wachsam«, sagte sie entschlossen, »Wein ist Gift, nichts als Gift. Wissen Sie, wieviel Elend der Alkohol schon über die Menschheit gebracht hat? Schauen Sie sich die Trinker doch an, wie albern sie werden, wie sie herumtorkeln, wie sie gröhlen, sich prügeln, sich übergeben. Schauen Sie, was dieses Gift aus ernsthaften Menschen macht, wie sie an Karneval in lächerlicher Kleidung herumhopsen und alberne Liedchen trällern ... Nein, ich sage Ihnen, was an diesen Hängen hier wächst«, sie zeigte auf die Rebhänge ringsum, »ist Gift, nichts als Gift. Und was die Winzer Tag für Tag hineinspritzen, ist ebenfalls Gift, nichts als Gift. Und was sie dann in ihren Kellern, wo es keiner sieht, in den Wein panschen, ist Gift, nichts als Gift. Und es macht süchtig. Schauen Sie sich doch selbst an: an diesem schönen Morgen denken Sie schon an dieses Gift, ja, Sie freuen sich schon darauf. Das ist die Sucht, deshalb merken Sie sich: Wein ist Gift, nichts als Gift!«

Damit verschwand sie im Haus.

Wir stiegen bergan. Der Bertes war heute schweigsam, sehr schweigsam. Zum Mittagessen trank er Mineralwasser und nahm sich noch eine Flasche für unterwegs mit.

Als die Sonne zu sinken begann, standen wir auf der Rheinhöhe oberhalb der Lorcher Weinberge und stiegen langsam bergab. Allmählich wurde mein Wanderkamerad wieder etwas gesprächiger. Winzer arbeiteten in den Weinbergen. An einer Wegkrümmung stutzte der Bertes plötzlich.

»Menschenskind, Karl, alter Recke, hier also vertrödelst Du Deine Freizeit?«

Der Winzer hob sein schweißnasses Gesicht:

»Von wegen Freizeit«, knurrte er, »wenn Ihr den Wein selber machen müßtet, würdet Ihr nur noch Wasser trinken. Tag zusammen«, grüßte er dann und reichte uns seine harte Hand. Wir kannten ihn aus seiner Straußwirtschaft.

»Wie wird der Wein?« fragte ich ihn.

»Ooch«, meinte er, »kommt auf den September und Oktober an.«

»Mir soll's egal sein, ich trink sowieso nichts mehr«, hörte ich den Bertes sagen.

»Warum das?«, grinste der Winzer, »hast wohl gestern abend 'reingetreten?«

»Nein«, antwortete der Bertes, »ich werde nie wieder reintreten, Wein ist nämlich Gift, nichts als Gift.«

»Stimmt«, meinte der Winzer, »wenn man täglich fünf Liter trinkt. Es kommt auf das Maß an.«

»Euer Maß kenne ich«, rief der Bertes und deklamierte höhnisch den Wahlspruch eines Rheingauwinzers: »Ein guter Wein, in Maßen genossen, schmeckt auch in größeren Mengen.«

»Und wie sagt Ihr am Drachenfels?«, grinste der Winzer, »mer kann och us Druuwe Wing maache! Also: Was trinkst Du denn ab jetzt?« wollte er vom Bertes wissen.

»Mineralwasser«, antwortete der und zeigte die Flasche in seinem Rucksack.

»Man kann auch zuviel Mineralwasser trinken«, stellte der Winzer fest, »das Nitrat darin ist auch nicht sonderlich gesund. Auch Milch«, fuhr er fort, »wenn man fünf Liter Milch jeden Tag trinkt ...«, er zuckte die Achseln, »aber deshalb ist Milch doch nicht ungesund.«

»Das sind doch faule Ausreden«, behauptete der Bertes, »und bei dem Gift, das Du in Deinen Weinberg spritzt, vergeht einem ohnehin der Appetit. Sei ehrlich! Wie macht Ihr Winzer es denn heutzutage? Unkraut im Weinberg? Macht nichts, Spritze her und Gift drauf, Gift, nichts als Gift. Früher, mein Großvater, der hat seinen Karst genommen und hat gegraben, bei Wind und Wetter, jeden Tag ...«

Der Winzer griff wortlos in seine Weinbergsbude und nahm einen alten Karst heraus. Die Zähne waren vom vielen Graben ganz kurz geworden. Er reichte ihn den Bertes hin:

»Hier«, sagte er, »grabe!«

Der Bertes rührte sich nicht.

»Ja, so seid Ihr«, lachte der Winzer und stellte den Karst wieder weg, »die Spätlese für drei Mark im Supermarkt, die wollt Ihr haben, aber von der Arbeit im Weinberg, da wollt Ihr nichts wissen. Weißt Du was? Trink Deinen Schoppen, sauf nicht und rauf nicht, dann ist der Wein eine Gabe Gottes, so einfach ist das.«

»Karl«, sagte ich, »Was hast Du denn eigentlich sonst noch alles in Deiner Weinbergsbude?«

»Hab' schon verstanden«, knurrte er, holte eine

Flasche und ein Glas heraus und schenkte ein. »Ich hab für heute genug getan«, meinte er dann und wir setzten uns auf die Weinbergsmauer. Der Wein funkelte schöner als ein Edelstein im Glas. Und er schmeckte wunderbar. Wir ließen die müden Beine baumeln und erzählten vom Rhein und vom Fußball, vom Wein, von den Frauen und von der großen Politik, das Gläschen machte die Runde – und ließ bald auch den Bertes nicht aus – bis die Sonne hinter den Bergen verschwunden war. Da warf der Karl seinen Traktor an und wir stiegen auf den Anhänger. Auf dem holprigen Wingertsweg wurden wir arg durchgeschüttelt.

In Lorch roch es nach Zwiebelkuchen und Federweißen und in der Straußwirtschaft schwatzten und lachten die Gäste. Aus der geöffneten Weinkellertür duftete der Riesling. Hunderte von Weinjahrgängen waren hier herangereift.

»Gift, nichts als Gift«, lachte der Bertes.

De Muul

»Imis« haben zuweilen Schwierigkeiten mit der rheinischen Mundart. Dabei ist unsere Sprache doch so einfach!

Na schön – die Aussprache verlangt ein wenig Übung. Hier vielleicht:

»Kannst Du einen Satz bilden mit ›Schakal‹?«

»Enjaa, dat kann esch! 'sch ha' kaal' Fööß!« (Hochdeutsch: »Ich habe kalte Füße!«)

Die ideale Sprache für Sprechfaule, nicht wahr?

Übrigens: Das zustimmende »enjaa!« entspricht dem preußischen »jawohl!« klingt aber viel netter, oder nicht?

Eine Widerrede bekräftigt man in gleicher Weise mit »endooch« anstelle des einfachen »doch«. Beispiel:

»Du aale Knieskopp, Du häss noch nie eine usjejovve!«

»Endooch! Vür der Währungsreform!«

Die Verneinung verstärkt man mit »enää« anstelle eines schlichten »nein«. Beispiel:

»Du häss doch met zehn Johr noch en de Botz jemaht.«
– »Enää, met zwölf!«

Die rheinische Sprechfaulheit verschluckt auch gern die Endungs-»t« , dies nicht nur beim sprichwörtlichen »Haup'-poss'-amp'«, sondern auch bei Sinnsprüchen wie: »Lich' on' Loff' jitt Saff' on' Kraff'«. Zur Bekräftigung: »Punk'«.

Bei »Imis« erregt neuerdings auch der akrobatische Umgang mit den Zeiten zunehmende Verblüffung:

»Wat esch noch jefrooch han wollt', es' de Strooß' at jefeesch'?« – »Enää, ävver dat maachen esch jetz' tirek'.« – »Dat wollt' esch ävver och jemeint han!«

Oder die futuristische Verabschiedung:

»Maht et joot, 'sch ben fott!«, obwohl der Sprecher noch deutlich anwesend im Türrahmen steht. Man muß auch wissen, daß man »noh'm Aaz'« geht und nicht »zum Arzt« und, daß es heißt »dat mer jet für der Jupp jesaat hätt« und nicht »zu dem Jupp«.

Die rheinische Mundart hebt sich in ihrer Derbheit wohltuend von hessischer Eleganz oder schwäbischer Betulichkeit ab.

»Och halt doch Ding Schnüss«, wehrt das umworbene Mädchen errötend allzu deutliche Komplimente ab. Wer hier »Schnüss« mit »Schnauze« übersetzt, liegt aber falsch.

»Halt ens jrad de Muul«, sagt der Köbes zu seiner Frau (vielleicht will er gerade die Nachrichten hören). Wer hier »de Muul« mit »das Maul« übersetzt, liegt ebenfalls falsch. »De Muul« ist schlicht »der Mund.«

»Du moß' de Muul haale«, ist oft ein Rat unter Freunden, ohne Aggression. Er enthält nur zuweilen eine sanfte Zurechtweisung. Für »Imis« mag eine solche Ausdrucksweise befremdlich, drastisch, ja vulgär klingen. Für uns nicht.

Ein beliebter rheinischer Zeitvertreib ist es von jeher,

»de Schnüss ze schwade« Eine Bonner Zeitschrift heißt wohl deshalb »De Schnüss«.

Das Wort »schwade«, möglicherweise ein langlebiges Relikt aus römischer Besatzungszeit, heißt eigentlich jemandem etwas raten, jemanden überreden (vom lateinischen »suadere«?).

»De Schnüss schwade«, das heißt – vorzugsweise an der Theke oder in der Weinstube – nicht sehr ernst daherreden, sich wichtig machen, sich auf den Arm nehmen, alles aus Freude am »schwadronieren« (was ursprünglich ein wildes, planloses Um-sich-hauen mit Degen oder Säbel bedeutete, daher auch die »Schwadron«).

Und genauso wild und planlos geht's auch beim Schnüss-schwade zu, man hopst unbekümmert von Thema zu Thema und es wird gelogen, daß sich die Balken im Fachwerk biegen. Aber mit dem Ende der Schwaderei, häufig zur Polizeistunde, tritt für die Gültigkeit des Besprochenen auch schon das Verfallsdatum ein. Morgen wird wieder »de Schnüss jeschwad«, dann wird die Welt an ihrem anderen Ende bewegt – rein verbal, versteht sich.

Das ist eigentlich schon alles, was man bezüglich der folgenden Geschichte über die rheinische Mund- und Lebensart wissen sollte.

Is' doch nit vill – oder?

Und die, die unsere Mundart als vulgär bezeichnen, befinden sich auf dem hinhaltenden Rückzug.

Is doch joot esu, oder?

Am Ende einer Wanderung über die »Hüh'«, die Linzer Höhe, waren wir in dem reizenden Fachwerkdorf Kasbach angekommen. Seit Urzeiten bildet der Bach hier eine Grenze, einst zwischen dem germanischen Auelgau und dem Engersgau, heute noch zwischen dem Erzbistum Köln und dem Bistum Trier, so, daß die Leute nördlich des Baches ein anderes Gesangbuch besitzen, als die Leute südlich des Baches. In kurfürstlicher Zeit herrschte hier ein typisch rheinisches Durcheinander: in geistlicher Hinsicht unterstand man dem Bischof von Trier, in weltlicher dem von Köln.

Am Dorfende kehrten wir ein.

Das Wirtshaus besaß einen schattigen Garten, dessen Ruhe wir aber nicht genießen konnten, dieweil in der Wirtsstube lautstark »de Schnüss jeschwad« wurde. Durch die offene Tür drang jedes Wort nach außen und die Disputanten trachteten, die Schwächen ihrer Argumentation durch Vermehrung der Lautstärke zu kompensieren, wobei sich einer besonders hervortat, dessen Redefluß allerdings durch häufige Stockungen gebremst wurde. Der Mann stotterte ein wenig.

Eben berichtete er, wie er auf dem gestrigen Winzerfest in Linz mit jemanden in Streit geraten war. »... und do han ich mir den gepack' und ha-han für den je-jesaat, wenn Du ni-nit sofort still bist, da-dann schlag' ich Dir ein pa-paar – und do wo-wor der och at widder still!«

Wir konnten den Redner nicht sehen, aber wir stellten ihn uns als wahren Berserker vor, zumal seine volltönende Stimme einen beachtlichen Resonanzkörper vermuten ließ. Der Bertes wurde neugierig. »Den Kerl will ich sehen«, meinte er und ging zur Wirtshaustür.

»Den mußt Du Dir auch mal angucken.« Er prustete vor Lachen, als er zurückkam, »so ein Kerlchen ist das«, er zeigte mit den Händen 1,50 Meter Körperhöhe und 20 Zentimeter Kreuzbreite, »und dabei hat der ein solches Mundwerk!«

Inzwischen war in der Wirtsstube die Rede auf irgendwelche Gerichtsurteile bezüglich der Bienenzucht gekommen.

»A-also der Adenauer«, verkündete unser Mini-Goliath, »a-also - manche konnten den jo nit li-ligge – ä-ävver für uns Imker, do wor der Mann joot« Dann fuhr er fort: »Ä-ävver wenn mir dat ze doll weed, met denne Imkereivorschrifte', dann jonn esch en der Bundestag un dann sare esch denne ens ming Meinung, da ka-kannste mesch für ansehn!«

Wir konnten uns gut seinen zornfunkelnden Blick in Richtung Bonn vorstellen und den drohend geschüttelten Zeigefinger.

»Heißa, da machen wir mit«, jubelte der Bertes und eine Minute später saßen wir drinnen mit am Tisch und jetzt ging' s richtig los mit dem »Schnüss schwade«. Thema: Krankheiten. Einer erzählte, sein Arzt habe ihm gesagt, mit seiner Krankheit habe er nicht

Wenn alle Brünnlein fließen (hier in Meisenheim)

mehr lange zu leben. Bei mir ist es viel schlimmer, wußte ein Zweiter zu berichten, sein Arzt habe ihm gesagt, mit seiner Krankheit müsse er eigentlich längst tot sein.

»Das ist doch noch gar nichts«, winkte der Bertes ab, »wißt Ihr, was mein Arzt mir nach der letzten Untersuchung gesagt hat? Nein? Herr Nolden, hat der gesagt, wie lange sind Sie eigentlich schon tot?«

Einer der Imker wechselte zum unerschöpflichen Thema Wetter über. »Wat e Wedde!« Das einzige, was gedeihe, sei das Unkraut. Alle Gärten, meinte einer, sollten angehoben werden, dann brauche man sich nicht mehr zu bücken. Ein anderer bemerkte ge-nüß-lich, ihm sei ein Bäuchlein vom Kölsch lieber als ein Buckel vom Arbeiten. Der Bertes, der überhaupt kei-nen Garten besaß, klagte lauthals über die fortwähren-de Mühsal des Unkrautrupfens. »Onkruut roppe«, nannte er das.

Der Stotterer hob wieder seinen Zeigefinger:

»Esch weiß e Mi-mittel«, behauptete er zum Bertes gewandt, »we-wenn Du dat konsquent anwendes, bruchste nie-nie widde Onkruut ze roppe.«

»Su e Mittel jitt et nit«, stellte der Bertes kurz fest.

»Endooch!« rief der Stotterer, »endooch! Jitt et wohl! Solle mer wette?«

»Joot, wette mer«. Sie schüttelten sich die Hände und niemand schien zu bemerken, daß gar kein Wettein-satz vereinbart wurde.

»So, jetz' saach mer Ding Mittel!«

Der Stotterer strahlte triumphierend und wartete bis völlige Ruhe am Tisch eingekehrt war. Dann hob er wieder den Zeigefinger:

»Du moß Dinge Jaade zobe-be-betoniere! Da-dann bruchste nie widde Onkruut ze roppe, hahaha!«

Die Tischrunde wieherte.

Der Bertes nickte. »Dat es wirklich e joot Mittel«, meinte er, »et jitt übehaup' joode Mittelche. Esch kenne übrijens e' Mittelche, wenn De dat konsequent anwendes', bruchste em Levve nit mie ze stottere.«

Der Bertes schaute wissend und mitfühlend drein.

Der Stotterer schüttelte den Kopf.

»Jitt et nit«, stellte er fest, »esch ha-han at alles uspro-probiert, su e Mittel jitt et nit.«

»Endooch!«, beharrte der Bertes, »endooch! Jitt et wohl!«

Der Stotterer schwankte zwischen Hoffnung und Resignation.

»Dann saach mer Ding Mi-mittel!«, knurrte er schließlich.

Der Bertes wandte sich ihm zu und blickte ihn fest an. »Wenn Du im Leben nie wieder stottern willst«, sagte er mit großer Eindringlichkeit, »dann moß' Du Ding Muul haale!«

In memoriam:
Der Bertes

Heute ist Mittwoch, der 15. August 2001, Mariae Himmelfahrt, ein heißer Sommertag. Die Sonne scheint von einem wolkenlosen Himmel und an den Hängen des Drachenfels reift der neue Wein. Es ist ein Tag, wie ich ihn oft mit dem Bertes erlebt habe, wenn wir über die Höhen an Rhein, Ahr oder Mosel zogen, abends zu einem kühlen Schoppen einkehrten und den Tag mit heiterem Geplauder ausklingen ließen. Den Wein, der jetzt gerade reift, muß ich ohne ihn probieren. Heute morgen haben wir den Bertes zu Grabe getragen.

Ich bin sehr traurig.

Nach einer schwierigen Kopfoperation schien es zunächst so, als werde er sich erholen. Aber er fiel immer wieder in ein Koma und aus dem letzten, das über 170 Tage dauerte, ist er nicht mehr erwacht. Kurz nach seinem 60. Geburtstag ist er am 8. August 2001 verschieden. Nun ruht er am Hang des Drachenfelses auf dem Rhöndorfer Waldfriedhof.

Er war kein Musterknabe und sicher hat er in seinem Leben – wie wir alle – Fehler gemacht, aber er hatte die Gabe, Frohsinn und Wärme zu verbreiten. Er war witzig und schlagfertig, zuweilen auch schlitzohrig, aber er war nie laut, zotig oder verletzend. Sein Leben war ein abenteuerliches Auf und Ab. Wenn seine materielle Situation gut war, war er heiter; war sie es nicht, konnte er dennoch lachen.

Er fehlt mir.

Als sich sein schweres Schicksal abzuzeichnen begann, gründete er, den Verein »Dornröschen e. V. – Mensch wach auf!«, der anderen Menschen, die im Koma liegen oder vom Fall in ein Koma bedroht sind, helfen soll.

Möge diese gute Absicht Früchte tragen.